Ln 27/12479

VIE

DU VÉNÉRABLE ABBÉ

DOM AUGUSTIN

DE LESTRANGE.

In memoriâ æternâ erit justus; ab auditione mala non timebit (Ps. 111. v. 7.)

De ses vertus la mémoire chérie
A jamais confondra la noire calomnie.

Dom Augustin Louis Henri de Lestrange
ABBÉ DES TRAPPISTES,
Né à Colombier-le-vieux en 1754
Mort dans le couvent de ses religieuses à Lyon le 16 Juillet 1827.
Plein de jours et de vertus.

VIE

DU VÉNÉRABLE ABBÉ

DOM AUGUSTIN

DE LESTRANGE,

SUPÉRIEUR GÉNÉRAL DES TRAPPISTES,

Par un Religieux de son Ordre;

DEUXIÈME ÉDITION AUGMENTÉE

D'UNE CONFÉRENCE
SUR LA RÉFORME DE LA TRAPPE.

A AIX,
CHEZ PONTIER, IMPRIMEUR, RUE DES JARDINS.
1834.

AVANT-PROPOS.

On doit reconnaître une marque constante de la providence de Dieu sur son Église, dans le soin religieux avec lequel on a recueilli de tout temps les traits édifiants de la vie des grands hommes qui l'ont illustrée par leurs lumières et par leurs vertus. Par là son auguste fondateur la montre toujours semblable à elle-même, toujours sainte, malgré la corruption des mœurs, qui, gagnant de jour en jour parmi ses enfants, fait pâlir devant eux le flambeau de la foi, et parviendrait à l'éteindre s'il n'était entretenu par la main divine qui l'a allumé.

Chaque siècle a eu ses apôtres, qui ont subjugué les esprits et les cœurs par une éloquence surnaturelle; ses martyrs, qui ont résisté jusqu'au sang et montré la force de Dieu dans ce qu'il y a de plus faible; ses héros de la solitude et de la pénitence, qui ont fui un monde qui n'était plus digne d'eux. Notre âge lui-même, qui semble avoir hérité des crimes et des erreurs de tous ceux qui l'ont précédé, a pu admirer aussi des Chrysostôme, prononçant avec autorité du haut de la chaire évangélique de foudroyants anathèmes contre l'impiété; des Irénée et des Pothin, qui nous ont légué les actes de leur glorieux martyre; des Ambroise et des Grégoire, défendant avec honneur les droits impérissables de l'épouse de Jésus-Christ; enfin des Antoine et des Pacôme, faisant revivre les beaux jours de la Thébaïde et de la Syrie, au milieu des peuples dégénérés et des empires en décadence. L'homme de Dieu dont nous allons raconter la vie, marcha avec honneur sur les traces de ces derniers. Père d'une famille nouvelle de Cénobites, qui se renouvela dans la pratique des observances les plus rigoureuses de l'état religieux, au moment même où la révolution fermait tous les asiles saints que la piété de nos pères avait ouverts à si grands frais, il parcourut sa longue carrière, comme l'avaient fait les saints réformateurs qui l'avaient précédé. Ce qui le distingua d'eux tous, c'est qu'il fut montré en spectacle à un grand nombre de nations; qu'étant forcé de transporter sa solitude au milieu des villes, sur les routes et jusque dans les camps, partout il conquit le respect de l'hérésie, du schisme et de l'impiété assises même sur le trône; et qu'enfin, après avoir su conserver à travers mille épreuves et mille dangers de nombreuses pépinières d'enfants du désert, les seules presque qui eussent survécu à l'orage, il parvint à les planter de nouveau dans le royaume très-chrétien.

Si la congrégation de la Trappe s'intéresse à perpétuer la mémoire de DOM AUGUSTIN, son abbé, c'est moins pour lui rendre ce qu'elle a reçu de lui, que pour faire admirer en sa personne l'instrument merveilleux de la Providence, à laquelle il s'abandonna aveuglément dans toutes ses entreprises, la vivacité de sa foi, l'ardeur de son zèle pour le salut des ames, son attachement inflexible aux saintes règles au milieu des plus grandes difficultés et des voyages les plus périlleux, enfin et surtout son humilité et sa charité sans bornes envers ceux-là même de qui il eut le plus à se plaindre.

VIE

DE DOM AUGUSTIN

DE LESTRANGE.

CHAPITRE PREMIER.

Naissance de l'abbé de Lestrange.

Louis-Henri de Lestrange naquit en l'an 1754 au château du Colombier-le-Vieux, en Vivarais, de parents aussi distingués par leur noblesse que recommandables par leur piété. Il était le quatorzième enfant de Louis-César de Lestrange, officier de la maison du roi sous Louis XV, et de Jeanne-Pierrette de Lalor, fille d'un gentilhomme irlandais qui avait suivi en France l'infortuné roi d'Angleterre Jacques II, lorsque celui-ci fut forcé à y venir chercher un asile par la trahison de son gendre et par la

révolte de ses sujets. Mademoiselle de Lalor réunissait en sa personne à un rare degré toutes les qualités de l'ame, de l'esprit et du corps, propres à rendre une union heureuse : la sienne le fut constamment. Détrompé de bonne heure des illusions de la vie, M. de Lestrange se fixa irrévocablement auprès de sa digne épouse; et après avoir accompagné le roi dans toutes ses campagnes, il quitta le service militaire au moment où la fortune devait lui sourire et où il pouvait se livrer aux plus flatteuses espérances. Si cette conduite étonna sa famille, elle ne fit que charmer sa vertueuse femme, qui, lui en demandant un jour la raison, dut entendre avec joie cette belle réponse: « Si tu veux le savoir préci-
» sément, je te dirai que la vie de Versailles
» et la poursuite des honneurs ne m'ont
» pas paru bien conformes à ce que dit
» l'Évangile. » On conçoit dès-lors quelles leçons et quels exemples domestiques de vertu le jeune Louis-Henri dut recevoir dès sa première enfance.

CHAPITRE II.

Sa première éducation.

Il semblait que sa pieuse mère éprouvât le secret pressentiment des desseins du Seigneur sur cet enfant de bénédiction ; elle le consacra dès sa naissance à la très-sainte Vierge, et lui en fit porter le saint habit : touchant et religieux usage qu'une tendre mère adopte souvent comme un gage de sécurité pour la frêle existence du cher objet de sa sollicitude, et qui plus d'une fois fut l'augure des brillantes élections de la Providence. Dieu se plut à préparer de bonne heure celui qu'il avait choisi, et le plus heureux naturel, les plus précieuses qualités, une grâce, une ingénuité charmantes, mais surtout une douceur enchanteresse ne tardèrent point à se dévoiler dans ce précieux enfant et à en faire les délices de toute sa famille. Son digne père jouissait en paix de l'innocence et des charmes de son premier âge ; il suivait et il secondait avec un sage discernement et une vigilance soutenue les rapides développements de sa jeunesse en attendant que vînt l'époque où il fallait songer à son avenir. On dut y penser plus tôt dans une famille aussi nombreuse, et le sevrer de bonne heure des douceurs de la maison paternelle. Fondant sur lui de justes espérances, un de ses parents, capitaine de vaisseau, offrit alors de se charger de son éducation, et de pourvoir ensuite à son avancement dans la marine royale. Il partit donc à l'âge de sept ans pour se rendre auprès de son protecteur à Clamecy. Là il parcourut en peu de temps et avec succès le cercle ordinaire des études. A son retour de Clamecy on l'envoya au collége de Tournon pour y faire ses humanités; il avait quinze ans quand il eut terminé sa rhétorique. Arrivé au terme où il pouvait s'arrêter et se présenter à l'entrée de la carrière à laquelle on le destinait, sa jeunesse, ses succès et plus encore je ne sais quel attrait irrésistible l'entraînèrent ailleurs. Il témoigna le désir de continuer ses études, et vint suivre le cours de philosophie au séminaire de Saint-Irénée de Lyon.

CHAPITRE III.

Il entre dans l'état ecclésiastique.

On ne croyait pas se tromper alors en confiant à des directeurs de séminaire l'élite de la société, à l'époque la plus intéressante de la vie, et en leur donnant le soin de faire passer ces plantes précieuses de la jeunesse à l'adolescence. La communauté de philosophie de Saint-Irénée à Lyon, conduite par MM. de Saint-Sulpice, était devenue le rendez-vous de tout ce qu'il y avait de jeunes gens distingués par leur naissance dans la ville et dans les provinces circonvoisines. Après avoir appris ailleurs à parler ils venaient dans cette maison apprendre à penser et à sentir, bien moins par les leçons savantes qu'ils y recevaient des plus habiles professeurs, que par des rapports journaliers et pleins de délicatesse, où les élèves oubliaient leurs maîtres pour ne voir en eux que des amis et des pères.

Il est inutile de dire quels progrès fit le jeune de Lestrange sous ces guides expérimentés; ils avaient à travailler sur un fonds si riche et si bien préparé! Sa piété, son application, son exactitude exemplaire, mais surtout ses manières gracieuses et toujours empreintes d'une politesse pleine de modestie, lui méritèrent bientôt les témoignages les plus flatteurs de ses maîtres et l'affection de tous ses condisciples. Il soutint avec honneur sa thèse de philosophie à la fin de son cours. Tout semblait concourir alors à lui ouvrir la carrière brillante où il était appelé : sa naissance, ses talents, ses belles qualités, les désirs de ses parents l'y invitaient; une éducation solide l'avait fortifié contre les illusions du monde. Mais il entend la voix qui sait parler si impérieusement « Je t'ai choisi, je t'ai appelé : *Vas electionis est mihi iste.* » Le pieux jeune homme déclare sans détour à ses parents ce qui se passe en son ame, et le dessein qu'il a conçu d'entrer dans l'état ecclésiastique. Ce projet qui en contrariait bien d'autres, obtient bientôt l'assentiment de deux personnages aussi religieux, et Louis-Henri reçut la tonsure à l'âge de dix-sept ans, des mains de Mgr de Pompignan, son archevêque.

Après quelques mois de repos au sein de sa famille, l'abbé de Lestrange se rendit à Paris au séminaire de Saint-Sulpice pour y faire son cours de théologie. Là, comme à Lyon, il se fit chérir de ses supérieurs et de ses condisciples, et le rare assemblage des plus heureuses qualités et des vertus les plus solides lui valut le surnom de *petit saint*. C'est ainsi qu'il se prépara à recevoir successivement les ordres mineurs, les ordres sacrés, et enfin le sacerdoce auquel il fut promu à l'âge de vingt-quatre ans et un jour.

CHAPITRE IV.

Il est nommé coadjuteur de Vienne.

Ses premiers essais dans les travaux apostoliques eurent lieu à Saint-Sulpice même. Cette paroisse immense était desservie par une communauté de prêtres, sous la direction de vieillards consommés dans l'art de la conduite des ames. De jeunes ecclésiastiques venaient y faire l'apprentissage du saint ministère, parce qu'ils y rencontraient l'avantage de mûrir en peu de temps leur expérience, par l'application multipliée des saintes règles et par l'exercice continuel de la charité. L'abbé de Lestrange se livra à ces saintes occupations avec toute l'ardeur d'un zèle brûlant pendant l'espace de deux ans. Obligé de revenir dans sa famille en 1780, il pensait à retourner au plus tôt reprendre le cours de ses bonnes œuvres, lorsque Mgr de Pompignan, qui avait été frappé autrefois à la vue de ce jeune écclésiastique, de son air de vertu et des grâces de sa jeunesse, et qui depuis avait entendu faire les plus grands éloges de la pureté de son zèle et de ses succès, voulut le retenir auprès de lui, et le nomma son grand vicaire. L'humble prêtre, redoutant le poids de cet emploi de confiance que lui conférait son supérieur naturel, ne put que le prier de l'en décharger; il fallut obéir. Déjà il se préparait à remplir ses fonctions en homme qui en a moins considéré le titre que les devoirs, quand peu de mois après Mgr de Pompignan lui apporta de Paris sa nomination à la coadjutorerie de l'archevêché de Vienne.

CHAPITRE V.

Il va à la Trappe.

A cette nouvelle, l'abbé de Lestrange, apercevant un trait de lumière dans la frayeur que lui cause cette élévation subite, part de Vienne à l'improviste et dans le plus grand secret; il passe à Lyon pour faire ses tendres adieux à ses anciens directeurs du séminaire; il leur confie le dessein irrévocable qu'il a formé de s'arracher au monde, et malgré leurs vives instances pour le détourner de son projet, il court échanger la haute dignité qu'on lui offre, contre les terribles austérités de la Trappe. Ce monastère, situé dans la Perche, était une abbaye de l'ordre de Cîteaux; il était soumis à la juridiction particulière de l'abbé de Clervaux, qui en était le père immédiat. Il avait été réformé au dix-septième siècle par M. de Rancé, qui en fut abbé commendataire, puis abbé régulier.

En vain les parents et les amis de M. de Lestrange, instruits de ce départ inattendu, se réunissent pour attaquer sa généreuse résolution; il demeure inébranlable. Il écrit cependant à sa vertueuse mère pour la consoler : « Mais, lui dit-il avec une
» respectueuse fermeté, vous saurez que
» j'ai toujours eu le projet de finir mes
» jours à la Trappe; il est vrai que c'était
» en me proposant de commencer par
» servir l'Église; mais enfin Dieu en a
» décidé autrement. » Enfin après une année de noviciat qu'il passa dans les exercices d'une régularité et d'une ferveur extraordinaires, il fit ses vœux avec une joie incroyable, et dit un adieu éternel au monde sous le nom de dom Augustin.

CHAPITRE VI.

Il sollicite l'établissement de la Val-Sainte.

Ses progrès dans la vie intérieure furent aussi rapides, que sa vocation avait été prompte et décidée. Déjà en 1789, c'est-à-dire, neuf ans après sa profession, il était père-maître d'un noviciat nombreux, qu'il guidait avec une prudence et une douceur admirables dans les voies de la ferveur et de la pénitence.

Depuis long-temps grondait sur l'église de France et sur les ordres monastiques l'orage qui éclata enfin, quand l'assemblée nationale prononça la dissolution des communautés religieuses. Celle de la Trappe venait de perdre son abbé; elle était alors composée de soixante-dix religieux, y compris les frères convers. La plupart se rassuraient dans les vives alarmes auxquelles ils s'étaient livrés d'abord à cause du bruit qui se répandit alors que la Trappe serait épargnée. Dom Augustin, que son emploi obligeait d'avoir de temps en temps quelques relations avec le monde, suivait le mouvement des affaires avec une justesse d'observation dont toute sa vie fournit la preuve, et avec une inquiétude que nourrissait sans cesse en lui le désir de sauver le saint état qui faisait ses délices. Il vit de bonne heure que ce n'était point tant aux biens des religieux qu'à la Religion elle-même que les hommes du jour en voulaient, et que la Trappe serait tôt ou tard engloutie dans le naufrage universel. Effrayé du danger qu'il va courir sur la mer du monde agitée par la plus horrible tempête, avec ses frères et surtout avec ses chers novices, le bon père expose au père supérieur et aux anciens la pensée qui lui est venue de dérober leur sainte règle aux fureurs de la révolution. C'est ici que commence la suite des contrariétés et des persécutions de divers genres qu'il a eues à endurer jusqu'à son dernier soupir. Son projet est généralement désapprouvé ; les uns se refusent toujours à croire à la suppression de la Trappe : quel mal en effet faisaient-ils au monde? les autres ne voyent dans les coups qui les menacent que la main de Dieu, sous laquelle il faut baisser la tête en souffrant pour la plus sainte des causes, bien loin de songer à de nouvelles fondations. Cette dernière pensée étonne et confond quelque temps le zélé religieux. Cependant les événements se précipitent, et dom Augustin se sent entraîné plus fortement que jamais à reprendre son premier dessein Dès-lors il dut s'attendre à essuyer des traverses de la part de ceux de qui il n'avait reçu la première fois qu'un désaveu. On intercepta les lettres qu'il écrivait à diverses personnes recommandables dont il réclamait le crédit pour obtenir l'autorisation de s'établir avec quelques religieux en Flandre ou en Allemagne. On insinua à ses correspondants de le dissuader et même de le décourager de ce dessein. Une seule lettre échappe à l'attention, parvient à un visiteur de carmélites, est communiquée à Mgr l'archevêque de Besançon, qui en écrit à l'évêque de Lausanne, son suffragant: ce fut la clef de cette sainte entreprise. Il fut d'abord

répondu que la chose n'était pas absolument impossible, et qu'il fallait en faire la demande au canton de Fribourg. Mais les moments marqués par la Providence n'étaient pas encore arrivés. L'abbé de Clairvaux, supérieur majeur de la Trappe, prévenu contre le P. Augustin par ceux qui n'étaient pas de son avis, le déposa dans le même temps de son emploi, afin de lui ôter toute occasion d'écrire dans le monde et de parler à aucun religieux. L'humble maître des novices adora les desseins de Dieu. « Soyez tranquilles, mes
» frères, dit-il en plein chapitre à ceux qui
» paraissaient sensiblement affectés de ce
» contre-temps, si ce dessein n'est pas de
» Dieu vous devez le prier qu'il demeure
» sans succès, et s'il est de lui il saura bien
» le faire réussir. » Ce qui ne tarda pas d'arriver.

CHAPITRE VII.

Il l'obtient.

Un nouveau décret de l'assemblée dite nationale, en assimilant les solitaires de la Trappe à tous les autres moines, vint détruire leurs dernières espérances, et obligea le prieur de l'abbaye de permettre à dom Augustin de partir pour la Suisse avec une requête signée de quelques religieux et adressée au souverain sénat de Fribourg. Il passe d'abord à Seez pour y recevoir la bénédiction et les lettres de recommandation de son évêque, de là il se rend à Paris, où il prend conseil des hommes les plus dignes de confiance par leur expérience et par le rang qu'ils occupaient dans l'Église. On décide qu'il ira soumettre la chose à M. l'abbé de Clairvaux. Un incident pensa faire tout avorter : à peine était-il sorti de la Trappe que les idées y changèrent ; on regretta de l'avoir laissé partir. Il fut suivi de près à Paris, et peu s'en fallut qu'il ne fût suivi à Clairvaux. Il y arrivait cependant paisiblement, et il remettait à son supérieur des lettres où les membres les plus marquants du clergé de France, tels que l'évêque de Clermont, l'archevêque de Damas, l'évêque de Langres et plusieurs autres, recommandaient à l'abbé de Clairvaux toute cette affaire, l'assurant qu'ils la trouvaient propre à procurer la gloire de Dieu, et le priant d'y donner son consentement. L'abbé, qui avait été trompé jusqu'alors sur le P. Augustin, ouvrit les yeux; il l'accueillit à bras ouverts, lui accorda d'amples pouvoirs et une lettre pour le sénat de Fribourg, et à toutes ces faveurs il joignit celle d'une partie du chef de S. Bernard et S. Malachie. Ainsi autorisé, dom Augustin se dirigea sans retard vers Fribourg après avoir pris à Cîteaux les ordres du supérieur général de tout l'ordre. L'évêque de Lausanne le reçu en père; il le fit accompagner par son secrétaire pour présenter au sénat une requête que nous regrettons de ne pouvoir donner ici en son entier, tant y respire la simplicité

des plus beaux jours de l'Église: « Souverains
» seigneurs, après avoir vu détruire notre
» saint état, menacés de perdre même
» notre sainte religion, nous avons cru ne
» pouvoir mieux faire que d'avoir recours
» à ceux qui ont montré autrefois dans
» leurs ancêtres et qui font paraître encore à
» présent par eux-mêmes tant de zèle pour
» demeurer fermes dans la foi. Ce que
» vous avez reçu autrefois, sinon des hom-
» mes, du moins de Dieu, c'est cela même
» que nous demandons avec les plus vives
» instances à votre piété. Il ne nous faut
» pour cela qu'un emplacement dans quel-
» que bois, quelque creux de montagne,
» en un mot quelque terrain inculte et sté-
» rile que nous fertiliserons par nos sueurs
» et plus encore par les bénédictions du
» Ciel, que nous nous efforcerons d'y attirer,
» et où, après y avoir construit quelques
» cellules de paille et de boue, nous con-
» tinuerons la pratique de notre saint état,
» pour lequel nous avons abandonné tout
» ce que nous pouvions posséder, et pour
» lequel nous sacrifierions encore tous les

» trésors de la terre, si nous les possédions.

» Il ne faut pas croire que nous soyons
» jamais à charge à personne. Ce qui ne
» serait pas possible à d'autres, en fait
» d'économie, nous est très-aisé à cause
» de la pauvreté dont nous faisons pro-
» fession, n'étant vêtus que d'étoffes viles et
» grossières, jeûnant les deux tiers de l'année,
» et n'ayant d'autre nourriture que quel-
» ques légumes ou racines, sans autre apprêt
» que du sel et de l'eau, ou tout au plus
» en certain temps un peu de lait, ce que
» nous regardons même comme quelque
» chose de trop sensuel.

» Nous vous supplions donc très-hum-
» blement, souverains seigneurs, de vouloir
» bien nous donner un asile dans votre
» territoire. Ce ne sont pas les biens que
» nous cherchons, mais seulement la liberté
» de pouvoir être fidèles aux promesses
» que nous avons faites à Dieu au pied
» des autels, et de conserver notre ré-
» forme à l'Église. »

Les magistrats à qui cette requête fut
d'abord présentée, ne purent cacher en la

lisant leur vive émotion. Ils désignèrent un seigneur *parlier* pour proposer cette affaire au sénat, qui chargea une commission de l'examiner. Sur le rapport favorable qu'elle en fit, les souverains seigneurs déclarèrent qu'ils permettaient à vingt-quatre religieux Trappistes de venir s'établir dans leur état pour y vivre selon leur règle, et qu'ils les prenaient sous leur haute protection.

Transporté de joie d'une si heureuse réussite, dom Augustin repassa promptement à Clairvaux pour porter la nouvelle de cette décision à son supérieur majeur, qui lui donna une lettre pour le supérieur local de la Trappe, afin que celui-ci ne mît aucun obstacle au départ des religieux qui voudraient former ce nouvel établissement de Suisse. Il y ajouta même pour chacun deux des obédiences particulières, signées de sa main, laissant au P. Augustin le soin de les remplir du nom de ceux qui se joindraient à lui.

CHAPITRE VIII.

Il en prend possession.

Le retour du P. Augustin à la Trappe fut bien différent de son départ. Ses frères tressaillirent de joie quand il leur eut donné l'heureuse nouvelle qu'ils ne perdraient point leur saint état. On vit les plus anciens, plusieurs de ceux qui occupaient les emplois les plus importants, refuser généreusement les pensions décrétées par l'assemblée nationale, et, préférant à tous les trésors et à la liberté nouvelle le bonheur de conserver leur réforme à l'Église, s'offrir sans hésiter pour se joindre aux sept premiers qui avaient signé la supplique au suprême sénat de Fribourg. Ils se formèrent tous en une communauté nouvelle, et s'unirent par les liens de la plus tendre charité, le 26 avril 1791. Un mois après ils se réunirent pour envoyer un acte d'acceptation des conditions sous lesquelles ils étaient admis en Suisse, et après avoir payé ce tribut de reconnaissance à leurs bienfaiteurs ils ne songèrent plus qu'à se faire donner un supérieur par M. l'abbé de Clairvaux, leur père inmédiat. Prévoyant bien que celui-ci voudrait avoir leurs suffrages, ce qui arriva en effet, ils les réunirent tous sur dom Augustin de Lestrange. Cette élection ayant été ratifiée et confirmée, on vit ces pieux solitaires, munis de sacs de nuit où ils avaient renfermé à la hâte leur habit religieux et quelques instruments de pénitence, monter avec autant de joie que des conquérants triomphateurs sur une charrette couverte plutôt pour se dérober à la vue du monde que pour se préserver des injures de l'air, et s'acheminer vers la Suisse à travers leur patrie désolée. C'était un spectacle digne d'admiration que cette solitude ambulante où se pratiquaient tous les exercices de la règle, le silence, la lecture, l'office, le chapitre des coulpes, le travail même qui consista à préparer de la charpie pour panser les plaies des pauvres quand ils seraient arrivés dans leur nouvelle habitation, l'adoration du Saint-Sacrement, qu'ils saluaient par quelques psaumes ou par quelques hymnes dès qu'ils apercevaient une église.

Leur voyage fut marqué par une protection visible de la Providence, qui sembla à chaque pas aplanir les voies devant eux. De la Trappe ils se rendirent à Saint-Cyr, où ils furent reçus avec empressement par les Lazaristes qui desservaient la maison royale de Saint-Louis. La municipalité du lieu se mit en grand mouvement à l'arrivée de ces conspirateurs de nouvelle sorte; elle leur enjoignit de sortir promptement de ses limites en les appelant des traîtres à la patrie. A Paris ils furent logés chez les révérends Pères Chartreux, où une foule de personnes de tout rang accourut pour assister à leur repas, à leur travail ou à leur lecture, répandre avec eux quelques larmes secrètes sur les malheurs de la religion et de la France, et déposer dans leurs mains de légers dons pour contribuer aux frais de leur voyage jusqu'à la frontière. De ce nombre fut un Anglais dont la générosité émut vivement le cœur de ces bons pères. La section du Luxembourg se hâta de mettre fin à ces épanchements de la charité en posant des gardes à la porte de leur maison. Quand ils furent parvenus aux frontières, qui étaient gardées soigneusement en ce temps d'horreur et de danger, afin que l'on ne pût emporter de l'argent hors de France, la vue de leur misérable charrette n'arracha aux satellites farouches que ce cri de la vérité: C'est cependant bien triste! Et l'on ne fut pas tenter de les fouiller ou de demander leurs passeports.

Echappés enfin au naufrage, leur premier soin fut de se retirer dans le coin d'un bois pour s'y livrer aux sentiments dont leurs cœurs étaient pressés. Ils s'embrassèrent très-étroitement, se prosternèrent la face contre terre, puis se levant ils récitèrent d'un ton solennel le psaume 123 : *Nisi quia Dominus... benedictus Dominus, qui non dedit nos incaptionem dentibus eorum... laqueus contritus est, et nos liberati sumus.* Puis, agenouillés de nouveau, tournés vers la France et les mains levées vers le ciel, ils répétèrent par trois fois cette prière pour les ennemis de la religion : *Domine, ne statuas illis hoc peccatum*, et celle-ci pour le roi : *Domine, salvum fac regem* ; après quoi ils se levèrent et se mirent en marche pour la Suisse se tenant deux à deux par la main, et disant pour leurs nouveaux compatriotes le psaume *Beatus qui intelligit super egenum et pauperem*. Arrivés dans le canton de Fribourg, ils séjournèrent huit jours à l'abbaye d'Hauterive qui est de leur ordre. Pendant ce temps-là ils vinrent à la ville de Fribourg demander la bénédiction de Mgr l'évêque de Lausanne, et présenter leurs remercîments à LL. EE. les deux souverains seigneurs avoyers. Cela fait, ils se hâtèrent de se rendre au terme si désiré de leur voyage, où ils furent reçus par le seigneur bailli de l'endroit, qui après les avoir logés dans son château, voulut le lendemain les introduire dans leur nouveau monastère. A une lieue de la Val-Sainte se trouva sur les limites de la paroisse du Cerniat le vénérable curé, qui leur bénit une croix de bois commun, faite sur-le-champ, laquelle fut depuis à la tête de toutes leurs processions. Alors commença le chant des psaumes et des hymnes de la dédicace, qui fut continué jusqu'à l'église, où ils se prosternèrent et récitèrent le *Miserere* pour demander pardon des paroles inutiles échappées dans le voyage.

CHAPITRE IX.

Il en règle la réforme.

On ne peut exprimer quels furent les transports de reconnaissance envers la divine bonté qu'éprouvèrent les nouveaux solitaires de Val-Sainte quand ils se virent loin de leurs ennemis, rendus à la retraite dont une vue rapide du monde venait de leur faire mieux encore sentir le prix. Il serait aussi difficile de dépeindre tous les genres de privations extrêmes qu'ils eurent à s'imposer, et l'état affreux de dénuement et de pauvreté où ils furent réduits en entrant dans une maison abandonnée depuis dix ans. Mais ces hommes généreux, qui avaient dit en partant : « d'un côté nous » travaillerons tant, et de l'autre nous dé- » penserons si peu, que nous trouverons le » moyen de n'être à charge à personne, » tinrent parole. Privés de tout ameublement, couchant sur le plancher, réduits à de faibles rations d'une nourriture dont les pauvres ne voulaient pas manger tant ils la trouvaient insipide, ils soutenaient un travail pénible de dix ou onze heures par jour, qu'ils n'interrompaient que pour chanter l'office sur le lieu même, et pour prendre en hâte leur repas. Mais que ne peuvent point l'amour de la pénitence, le zèle et la charité vive qui les soutenaient! Dom Augustin n'eut jamais qu'à en diriger l'essor. Ces fervents anachorètes, guidés par le sentiment qui les avait portés à sauver leur observance du déluge où avaient péri tous les ordres religieux, exposèrent, le 16 juillet 1791, à leur supérieur le dessein qu'ils avaient formé de se renouveler dans l'observance la plus étroite de la règle de Saint-Benoît. On tint à cet effet une suite de chapitres après une retraite qui eut lieu dans l'octave de Saint-Étienne, et l'on y choisit à la pluralité des voix pour le règlement du monastère, ce qu'il y a de plus clair dans la règle de Saint-Benoît, de plus pur dans les us et constitutions de Cîteaux, et de plus vénérable dans le rituel de l'ordre. C'est cette suite de décisions qui a été appelée la réforme de la Val-Sainte.

Il est aisé de juger de l'heureux état de la Val-Sainte après que ces règlements eurent été recueillis et dressés. On ne pouvait assez y admirer le bel ordre, l'union parfaite, le calme profond qui y régnaiet et où ses habitants puisaient les transports de la félicité la plus pure. La bonne odeur de tant de vertus ne tarda pas à se répandre au loin ; les feuilles publiques elles-mêmes rendaient hommage à tant de dévouement et à tant de sainteté. En peu de temps l'affluence des étrangers devint considérable, et le nombre des postulants s'accrut si fort en trois ans, qu'en 1794 dom Augustin dut songer à envoyer en d'autres contrées

plusieurs de ses religieux pour y transplanter le détachement le plus parfait des folies de ce siècle, et l'amour le plus pur de la pénitence. L'Espagne, l'Angleterre, le Brabant, le Piémont s'empressèrent de les recevoir. Il y en eut qui allèrent à Poblet en Catalogne, d'autres auprès d'Anvers en Brabant, lesquels s'établirent ensuite à Darfeld, évêché de Munster, d'autres à Montbrach en Piémont, enfin trois d'entre eux, envoyés au Canada, s'arrêtèrent sur la côte orientale d'Angleterre près de Lullworth. Tous ces asiles de la pénitence devinrent à leur tour florissants. Dom Augustin se prêtait avec zèle à ces nouvelles fondations, ne cherchant que la gloire de Dieu. On l'engageait à ajourner l'envoi de ses religieux en Espagne, en lui représentant que le gouvernement espagnol ne voulant pas que cette maison dépendît de la Val-Sainte selon les constitutions de l'ordre, c'était détacher de la congrégation des membres qui lui étaient chers. « Que
» m'importe, dit-il, d'avoir ou de n'avoir
» pas autorité sur ce monastère, pourvu
» que la gloire de Dieu soit procurée. »

CHAPITRE X.

Il en est institué Abbé.

Cette réforme d'un ordre qui avait fait dès son origine l'un des plus beaux ornements de l'Église, conduite avec tant de sagesse en des circonstances si difficiles, et qui commençait à prendre de si rapides accroissements, ne put manquer d'attirer l'attention du père commun des fidèles, qui depuis long-temps tournait sa sollicitude tout entière vers l'Église de France. Par un bref du 30 septembre 1794, Pie VI donna à son nonce en Suisse les pouvoirs les plus étendus pour ériger en abbaye de leur ordre et de leur congrégation réformée de la Trappe le nouvel établissement de ces religieux à la Val-Sainte. L'élection de l'abbé en la personne de dom Augustin y eut lieu d'une voix unanime le 27 novembre sous la présidence de M. Joseph de Scheller, vicaire général de Lausanne, au nom de son évêque, qui avait été délégué à cet effet par Mgr le nonce, et le 8 décembre suivant parut à Lucerne un décret du nonce apostolique qui ratifiait l'élection et donnait à dom Augustin tous les pouvoirs dévolus à l'abbé d'après les constitutions, non-seulement sur le monastère de la Val-Sainte, mais aussi sur tout établissement quelconque tiré de la Val-Sainte, en sorte qu'il en fut toujours le père immédiat, selon lesdites constitutions de l'ordre de Cîteaux. Nous ne citons ici de cet acte important que quelques passages remarquables: «(1) Non absque sin-

---

(1) « En même temps que la nation française, jadis si
» florissante, entraînée par les maximes empoisonnées
» d'une philosophie impie, déclarait une guerre atroce au
» trône et à l'autel, nous sommes convaincus que c'est par
» une conduite particulière de la Providence qu'il s'est
» rencontré une réunion de religieux de l'ordre de Cîteaux
» et de la congrégation dite de *Notre-Dame de la Trappe*,
» que rien n'a pu diviser, que la contagion de l'impiété
» n'a pu atteindre, et qui, échappant à des dangers et
» à des piéges innombrables, est enfin parvenue à ga-
» gner les frontières de la France, et ayant secoué la pous-
» sière de ses pieds a trouvé un asile et une demeure
» dans les montagnes de la Suisse, au canton de Fri-
» bourg, à qui Dieu semble avoir fait ce présent pour
» les services singuliers qu'il a rendus à l'Église. Il y

» gulari divinæ Providentiæ ductu accidisse
» arbitramur ut, quo tempore Galliarum
» natio olim florentissima, pestiferis impiæ
» philosophiæ principiis in transversum acta,
» atrocissimum sacerdotio æque ac imperio
» bellum indixit, unus fuerit monachorum
» ordinis Cisterciensis congregationis *Beatæ*
» *Mariæ de la Trappe* nuncupatus, qui,
» nullo pacto se discerpi passus, nec ulla
» impietatis contagione violari, spretis om-
» nibus seductionis blanditiis, superatisque,
» Deo sic adjuvante, innumeris insidiis
» periculisque, tandem feliciter evaserit ad

» a quelque chose qui tient du prodige dans ceque nous
» avons appris par des renseignements certains sur le voyage
» long et difficile de ces religieux, sur les peines qu'ils
» ont eues à endurer, enfin sur leur heureuse arrivée
» et sur l'accueil qu'ils ont reçu dans le canton de
» Fribourg. Cet événement ne pouvait échapper à la vigi-
» lance de notre saint père le pape Pie VI, à sa sollici-
» tude vraiment pastorale, et surtout à cette insigne
» charité qui lui fait embrasser les intérêts de tous les
» Français exilés et de tous les intrépides confesseurs de
» la foi... Aussi a-t-il daigné combler d'éloges et de
» faveurs particulières cette troupe d'élite, ces dignes
» enfants de S. Bernard... Nous ratifions donc l'élection
» faite en la personne du T.-R. P. Augustin de Lestrange
» et nous lui donnons tous les pouvoirs et toute l'au-

» fines Galliæ, excussoque pulvere in mon-
» tibus Helvetiorum pagi Friburgensis,
» cui hoc donum ob pecularia in Ecclesiam
» merita divinitus datum esse videtur, asi-
» lum et domicilium invenerit. Prodigio
» simile est quod de horum monachorum
» longa ac difficili peregrinatione, de exant-
» latis tot tantisque ærumnis, faustoque

» torité qui lui sont légitimement dévolus en vertu de sa
» charges, conformément aux saintes constitutions dudit
» ordre et de ladite congrégation. Nous voulons de plus
» que l'autorité du nouvel abbé soit en vigueur non-
» seulement dans l'abbaye de la Val-Sainte, mais encore
» dans toute autre colonie tirée dudit monastère, et
» établie en quelque partie du monde que ce soit ; en
» sorte que l'abbé de la Val-Sainte en soit reconnu
» comme le père immédiat... Pour vous, nos très-chers
» fils, à qui Dieu a fait la grâce d'être les premiers habitants
» de ce monastère abbatial, nous vous exhortons pater-
» nellement en notre Seigneur de vous comporter d'une ma-
» nière digne de votre vocation en vous conformant aux
» salutaires avis de votre bien-aimé père et abbé. Prenez
» garde de vous laisser séduire par les partisants insensés
» de ce siècle pervers, qui regardent votre vie comme
» une folie, et votre mort comme méprisable, et qui
» taxent de rigueur excessive votre institut, qui est un
» joug agréable et un fardeau léger ; comme vous l'avez
» appris par votre propre expérience, et comme vous nous
» l'avez prouvé par les déclarations que chacun de vous
» nous a remises. »

» tandem apud Friburgenses adventu recep-
» tuque certis documentis compertum ha-
» bemus. Nec ea res latere potuit vigilan-
» tissimum summum Pontificem SS. D. N.
» Pium VI, qui pro pastorali sua sollici-
» tudine et vero etiam munificentia qua
» Galliæ exules intrepidosque catholicæ fidei
» defensores generatim complectitur.....
» Genus hoc electum, dignam D. Bernardi
» sobolem peculiaribus encomiis, favoribus
» et gratiis ornare non est dedignatus...
» Idcirco electionem.... in persona admo-
» dum R. P. Augustini de Lestrange una-
» nimi voce factam ratam habemus. Dantes
» eidem omnem facultatem et auctoritatem
» quæ illi vigore officii legitime competit,
» juxta sanctissimas ejusdem præfati ordinis
» et congregationis constitutiones. Volu-
» mus autem ut ejusdem novi abbatis
» auctoritati subsit non solum abbatia Val-
» lis Sanctæ, verum etiam quævis colonia
» a dicto monasterio in quamcumque orbis
» partem educta, sic ut abbas Vallis Sanctæ
» earumdem pater immediatus esse cen-
» seatur... Vos insuper, filii charissimi,

» quibus, Deo opitulante, datum est primos
» monasterii hujus abbatialis esse habita-
» tores, paterne in Domino exhortamur
» ut, saluberrimis amantissimi abbatis ac
» patris vestri monitis obsecundantes, digne
» ambuletis in vocatione in qua vocati
» estis. Cavete ne vos seducant insensati
» ne farii sæculi sectatores, qui institutum
» vestrum, quod jugum suave et onus leve
» propria experientia esse didicistis, nobis-
» que sigillatim scripto demonstrastis, ni-
» mii rigoris arguentes, vitam vestram æsti-
» mant insaniam et finem sine honore. »
Déjà en effet l'esprit de mensonge avait répandu sur le nouvel institut des bruits capables de ruiner de fond en comble dès sa naissance un établissement qui donnait d'aussi belles espérances quand les pères de la Val-Sainte s'empressèrent de venger et la règle et leur abbé par des déclarations que l'on a conservées et réunies à la suite du règlement de l'abbaye, ou tous affirment qu'ils estiment leur état plus que tous les royaumes de la terre. Il en est deux surtout signées F. Gérosime et F. Eugène qui sont tracées avec une rare précision.

CHAPITRE XI.

Il établit les Trappistines et le Tiers-Ordre.

La Providence, qui avait ainsi offert à ces fidèles religieux les moyens de perpétuer dans l'Église leur genre admirable de vie, ne permit pas que le grand nombre de vierges consacrées à Dieu, obligées de s'expatrier pour le même motif, fût privé de la même consolation. Elle inspira à l'abbé Augustin d'acheter près de Saint-Maurice en Valais une maison pour les y recevoir. Les premières y entrèrent en 1796 le jour de l'Exaltation de la Sainte Croix, pleines du désir de fléchir par leur pénitence la justice divine, qui versait alors à pleines mains les plus terribles fléaux sur leur patrie. Bientôt le couvent fut rempli de religieuses de divers ordres, de chanoinesses et d'autres dames de distinction qui vinrent s'unir à elles. Au milieu de cette élite de vierges fidèles se trouva Madame Louise de Condé, qui levait avec elles des mains pures vers le ciel, tandis que ses augustes parents à la tête de l'élite de la noblesse française, consacraient leurs bras à la défense de la plus sainte des causes. Pour desservir ce couvent l'abbé plaça près de là une communauté de religieux ; et, craignant que le genre de vie de la Val-Sainte ne fût trop austère pour la faiblesse du sexe, il voulut, avant de rien déterminer, s'en rapporter à leur expérience, et il fixa un temps d'épreuve après lequel il devait retrancher tout ce qu'il y aurait de trop pénible dans la règle. Mais loin d'y rien trouver au-dessus de leurs forces, ces généreuses dames embrassèrent dans toute leur étendue la réforme de la Val-Sainte, et le règlement tout entier de cette abbaye devint le leur à l'exception de quelques articles qui ne pouvaient les regarder, tels que plusieurs de ceux qui ont rapport aux fonctions de l'Église, à la réception des étrangers pour l'hospitalité, etc., ou de quelques autres qui devaient leur être propres, tels que ceux relatifs à l'habillement, à la clôture, etc. On eut même à empêcher plus d'une fois les saintes rigueurs qu'elles y ajoutaient.

L'année suivante les mêmes circonstances donnèrent naissance au tiers-ordre. Tandis que la hache révolutionnaire abattait en France tous les établissements pieux, le nouvel abbé, tout en se pénétrant lui-même et ses frères de l'esprit primitif de leur règle, ne put s'empêcher de porter ses regards au delà de son désert. Dieu qui lui avait donné une ame ardente et un zèle brûlant pour le salut des ames, lui fit trouver le moyen d'employer une partie de sa congrégation à procurer un bien qu'il n'était presque plus possible d'opérer ailleurs en paix. L'éducation était anéantie en France ; on peut dire qu'elle était alors assez négligée en Suisse. L'homme de Dieu destina son tiers-ordre à cette œuvre de salut. Il rédigea pour ces nouveaux religieux de fort beaux règlements qui étaient ceux-là même de la Val-Sainte fort mitigés, et l'office de la sainte volonté de Dieu, qui fut toujours sa devise particulière : il ajouta un petit traité sur le même sujet. Les principales exceptions aux règles communes que l'on rencontre dans ces instructions particulières, sont que les membres du tiers-ordre peuvent porter du linge, qu'ils ne sont assujettis qu'aux jeûnes d'Église, qu'ils se livrent à un sommeil plus prolongé, que leurs élèves font gras, etc. L'abbé Augustin eut à diverses époques à la Val-Sainte jusqu'à cent cinquante de ces élèves, la plupart pauvres ou orphelins, qu'il entretenait gratuitement : un grand nombre d'entre eux sont devenus de vertueux ecclésiastiques ou de bons chrétiens. Rien n'était plus touchant, rien ne ravissait plus les étrangers que d'entendre tous les soirs ces enfants chanter le *Salve, Regina*, et que de les voir lever au ciel leurs mains suppliantes à ces mots : *O clemens! o pia!* etc. Le bon abbé avait une telle confiance en leurs prières, que le feu ayant pris un jour à la Val-Sainte, et les trappistes n'ayant qu'une petite pompe bien insuffisante pour en arrêter les progrès qui devenaient de plus en plus effrayants, il rassembla les plus petits enfants au milieu de la cour, et se mit à invoquer à genoux avec eux la miséricorde divine. On ne tarda pas à s'apercevoir de l'efficacité de leurs prières ; car le feu s'éteignit d'une manière si prompte qu'elle fut toujours regardée comme merveilleuse.

CHAPITRE XII.

Il émigre en Allemagne.

Cependant le torrent de la révolution débordait de ses limites, et, les Français s'étant emparés en février 1798 de la Suisse et du Valais, on dut s'attendre à la ruine de toutes ces laures ou trappes où déjà l'innocence et la piété florissaient à l'ombre des autels. Sans autre ressource que sa grande confiance en la divine Providence, l'abbé Augustin part à la tête d'environ deux cent cinquante religieux et religieuses, et d'un grand nombre d'enfants qui aimèrent mieux suivre leurs maîtres que de retourner chez leurs parents. On gagna comme l'on put la ville de Constance, où une partie passa le carême, les autres allèrent se réfugier dans les villes voisines.

Quelles que fussent les incommodités et les privations du voyage, elles ne pouvaient guères être sensibles à des hommes qui n'ouvraient plus leur bouche qu'aux louanges de Dieu, et qui ne touchaient plus de leurs mains que les instruments du travail ou de la pénitence. Aussi s'ils s'exilèrent de leurs montagnes, leur solitude ne les quitta jamais au milieu de ces longues courses, où nous allons les suivre à travers l'Allemagne, la Russie et jusqu'en Angleterre, d'où ils remirent enfin le pied sur le sol de leur patrie. Là comme au désert, sur terre et sur mer, même régularité, même silence, même cérémonial pour l'office divin, le réfectoire, etc. Les religieuses voyageaient dans des charrettes couvertes, où le plus souvent elles étaient si entassées, que pour y tenir tout le jour elles avaient plus à souffrir que de toutes les rigueurs de la règle. Les religieux cheminaient à pied, suivis de quelques autres charrettes qui portaient les équipages, les infirmes et les petits enfants. Après avoir marché à jeun tout le jour on arrivait en silence au lieu du repos. Le père cellérier seul était chargé de faire préparer le repas, toujours conforme à la règle et aux statuts de S. Bernard. On n'y voyait ni beurre, ni huile, ni œufs, ni poisson, ni vin : l'appétit était le seul assaisonnement qui fît trouver tout excellent à nos voyageurs. Ce repas au reste, consistait en un potage clair où nageaient quelques tranches de pain, et en un plat de légumes. Lorsque, étant encore à jeun à dix et onze heures du soir, nos pauvres trappistes apaisaient leur faim avec le pain qu'on leur donnait alors en plus grande abondance, on mettait une montre sur la table, afin que les prêtres cessassent de manger avant minuit, pour pouvoir dire la sainte messe le lendemain. On se couchait ensuite comme l'on pouvait, les uns sur le plancher, les autres sur les bancs d'alentour. L'abbé couchait ordinairement sur la table placée au milieu de l'appartement. Chacun avait pour trousseau de voyage une couverture, un drap de serge et un oreiller qui renfermait les hardes nécessaires pour changer au besoin, le tout roulé ensemble avec le nom du frère. On étendait à terre le drap de serge, et de suite la couche était disposée comme au monastère. Telle fut la manière constante de voyager des frères et sœurs de la Val-Sainte sous la conduite de dom Augustin. On verra qu'ils eurent souvent à endurer de plus rudes privations.

Après Pâques ils se dirigèrent sur Augsbourg. L'abbé les partagea en petits détachements, afin qu'ils pussent trouver à se loger plus facilement dans les auberges ou dans les monastères qu'ils rencontreraient sur leur route. Ils furent charitablement secourus, à leur arrivée dans cette ville, par un riche négociant nommé Bacchiochi. Cet homme aussi généreux qu'il était opulent, touché de l'état de pénurie extrême où ils étaient réduits, s'empressa de remettre à dom Augustin une caisse pleine de ducats. On remarqua qu'elle était si pesante qu'il fallut employer deux frères pour la charger et la décharger : « Prenez, dit-il, mon » père, prenez cet argent ; si vous revenez » et que vous puissiez me le rendre vous » le ferez ; dans le cas contraire je vous » l'abandonne. » Ce ne fut qu'à son retour de Russie que l'abbé de Lestrange put rendre fort à propos cette somme à son digne bienfaiteur, qui se trouvait à son tour gêné dans ses affaires par le système d'entraves que Bonaparte avait adopté à l'égard du commerce anglais, auquel se livrait cet homme recommandable.

CHAPITRE XIII.

En Autriche et en Russie.

D'Augsbourg en Autriche le voyage de toute la congrégation réunie commença à se faire par eau. Les religieux s'embarquèrent d'abord sur plusieurs radeaux : les religieuses les suivirent de près. En passant à Munich dom de Lestrange reçut les dépêches d'un garde du corps de l'empereur de Russie, venu en courrier pour complimenter de la part de sa majesté impériale Madame Louise de Condé, appelée en religion sœur Marie-Joseph. Le prince de Condé était dans le même temps avec son armée au service de la Russie. L'envoyé était porteur de passe-ports pour quinze religieux et autant de religieuses, qui devaient se rendre à Orcha, dans la Russie Blanche, où les révérends pères jésuites avaient un célèbre collége. L'empereur avait donné à nos frères deux monastères dans cette ville, et son garde d'honneur avait ordre d'escorter jusque-là la princesse trappistine.

On ne put entrer dans Passaw, où le prince-évêque, effrayé de l'approche de l'armée française, ne voulut pas recevoir les religieux voyageurs. Le P. Augustin fut donc obligé pour attendre les passe-ports pour l'Autriche de loger son monde çà et là dans les métairies voisines. Après quinze jours d'attente il les fit embarquer de nouveau sur le Danube, et il aborda avec eux à Lintz, où il eut la consolation de voir tous ses enfants réunis dans un même hôtel sur le port. On y souffrit beaucoup de la faim ; car les bons Allemands tout en criant *Klei mein herr, klei*, ne donnaient du pain qu'avec une parcimonie et une lenteur incroyables.

Cette réunion si consolante ne fut pas de longue durée. En fuyant la liberté funeste qui les suivait à main armée, ces fervents cénobites sentaient se resserrer entre eux les liens de la plus étroite charité par les exemples héroïques de vertu qu'ils se donnaient réciproquement. Les adieux furent déchirants : il fallut se séparer ; ce fut les larmes aux yeux, et en se promettant mutuellement d'être fidèles jusqu'au dernier soupir à la sainte réforme qu'ils avaient embrassée.

Dom Augustin emmena droit à Orcha les trente trappistes qu'il établit dans les deux monastères qui leur étaient destinés. De là il se rendit à Saint-Pétersbourg, où il fut très-bien accueilli par le czar Paul et par l'impératrice. On lui fit délivrer des passe-ports pour tous les autres religieux, qui n'étaient restés en Autriche que pour les attendre; car à cette époque, où la révolution française commençait à étendre au loin ses ravages et à inspirer des craintes sérieuses aux puissances de l'Europe, aucun Français ne pouvait mettre le pied sur les terres de la Russie sans un passe-port signé de l'empereur lui-même. Ce voyage et les démarches que l'abbé de Lestrange fut obligé de suivre à la cour, durèrent beaucoup plus qu'il ne s'y était attendu d'abord.

Pendant ce temps-là la colonie de ses frères destinée pour la Bohême s'acheminait vers Prague; elle y fut logée dans un château du prince de Bavière appelé Boucherat, et, pendant l'espace d'environ quatre mois, cette communauté tout entière fut nourrie et entretenue par les largesses de S. A. I. l'archiduchesse Marianne, sœur de l'empereur. Cette pieuse princesse avait fait d'avance meubler ce château de tous les ustensiles en usage dans le couvent; son économe avait ordre de fournir tout le nécessaire pour la nourriture. Elle envoyait de temps en temps un des officiers de sa maison savoir si rien ne manquait aux religieuses : souvent elle-même venait les visiter de son château situé près de Prague. Les trappistes conserveront toujours religieusement la mémoire de cette charitable bienfaitrice.

L'autre colonie, stationnée à Vienne, fut logée au couvent des Dames de la Visitation et comblées de bienfaits de ces dignes filles de S. François de Sales. A la vue de ces austères pénitentes, comme elles épouses du Sauveur, elles furent bien moins frappées de la différence du langage et de celle des saintes pratiques de leur règle, que de la pensée des périls qu'elles avaient affrontés en venant de si loin pour conserver leur saint état. Non contentes de les nourrir, elles leur firent présent d'une foule d'objets, d'ornements même et de vases sacrés pour former leur sacristie. La Trappe de Lyon conserve encore l'ostensoir reçu à cette occasion comme un monument précieux de charité fraternelle.

CHAPITRE XIV.

Ses Religieux sont bannis d'Autriche.

Cependant l'empereur d'Autriche accorda deux monastères délaissés dans la Bohême aux trappistes qui étaient au château de Boucherat. Déjà une partie de la colonie était allée en prendre possession, quand la Providence vint mettre un terme aux pieuses libéralités dont ils avaient été l'objet, et les soumettre aux plus terribles épreuves. Le ministre chargé de l'exécution des ordres de l'empereur fut circonvenu par une foule d'hommes appartenant à une secte connue alors à Vienne sous le nom d'*illuminés*. La plupart d'entre eux avaient provoqué ou exécuté les mesures de prétendue réforme et de trouble qui avaient porté le ravage dans les communautés d'hommes sous le règne précédent. On mit tant d'entraves et des conditions si onéreuses au bienfait de l'empereur, entre

CHAPITRE XIV.

autres celle-ci, que les trappistes ne pourraient recevoir des novices, que ces religieux se virent forcés de remercier Sa Majesté de ses offres, et de lui représenter humblement qu'ils n'étaient pas venus de si loin pour chercher des tombeaux, mais bien plutôt un asile où ils pussent garder la foi jurée à Dieu, et transmettre à d'autres le précieux dépôt de leur sainte religion. Piqués de cette résistance, les illuminés ne cessèrent plus de leur susciter toutes sortes de persécutions; on voulait dissoudre leur corps, on s'offrait de les placer chacun dans des monastères à leur choix, et leurs jeunes gens à l'école militaire; on leur faisait entendre que leur abbé ne revenant pas de Russie les avait abandonnés, et qu'en conséquence, comme ils n'avaient de passe-ports pour aller nulle part, ils devenaient sujets du gouvernement autrichien et obligés de se soumettre à ses volontés. Deux fois dom Colomban, prieur de la colonie qui était restée à Vienne, alla trouver l'empereur pour se plaindre des vexations que ses frères et lui éprouvaient de la part des ministres de Sa Majesté : « Que voulez-vous, mon père, lui dit ce bon prince, je ne suis pas tout-à-fait le maître. » Et il ordonna qu'un viatique de mille ducats serait distribué aux colonies de Vienne et de Bohême.

Alors les ministres envoyèrent des ordres aux capitaines de cercle pour sommer tous les trappistes ou de quitter leur sainte profession, ou de sortir promptement des états de l'empereur en indiquant le lieu où ils voudraient se rendre. Plein de confiance en la divine Providence et en la protection de Marie, le prieur de la colonie de Bohême déclara qu'il voulait aller à Léopold, ville d'Autriche sur les frontières de la Pologne russe, espérant que, durant ce trajet de plus de cent cinquante lieues, l'abbé de Lestrange arriverait de Saint-Pétersbourg. Après avoir participé tous aux saints mystères, les frères partirent du château de Boucherat, et arrivèrent heureusement la veille de la Toussaint à Brinn, capitale de la Moravie. Le gouverneur les reçut d'abord fort sèchement, conformément aux ordres qui lui avaient été transmis. M. le marquis de Bombelles, réfugié dans cette ville avec sa famille, étant venu les visiter chez les frères Saint-Jean-de-Dieu, où ils logeaient; ils lui racontèrent l'accueil peu favorable que leur avait fait le premier magistrat. Ce digne seigneur, qui fut toujours l'ami de dom Augustin et qui mourut peu d'années avant lui, étant devenu évêque d'Amiens, courut auprès du gouverneur, et le lendemain celui-ci fut tout changé ; il montra aux frères une vive bienveillance, et voulut même que l'on conduisît à son hôtel tous les jeunes élèves. M. de Bombelles les emmena ensuite dans sa maison, où il se mit en prières avec les religieux prosternés les bras en croix, puis il les reconduisit tête nue jusqu'à la rue en leur disant qu'il se faisait plus d'honneur de cette visite, que de celle des plus grands princes de la terre. Nos pélerins exilés ne tardèrent pas à s'apercevoir sur leur route, à la manière obligeante avec laquelle ils furent accueillis désormais, de l'heureux effet des recommandations du pieux seigneur français, et des ordres mitigés qui avaient été donnés en conséquence.

Partis de Brinn le 3 novembre, ils arrivèrent après plusieurs jours de marche à Kenty, petite ville de la Pologne autrichienne en-deçà de Cracovie. Il faut ici rendre gloire à Dieu, montrer l'heureux effet de l'abandon des trappistes à Marie, à leur sortie de Boucherat, et déposer un témoignage solennel en faveur de la piété et de la foi des pays éminemment catholiques qu'ils eurent à traverser. Le peuple y était loin de partager les préjugés indignes de quelques grands personnages. L'un des frères marchait en avant pour aller chercher le logement dans quelque couvent ou hospice ; et s'il ne s'en rencontrait point dans le lieu du séjour, la première station était à l'église de l'endroit, où, avec l'agrément du pasteur, les religieux chantaient le *Salve, Regina*. On accourait en foule: les larmes d'attendrissement coulaient de tous les yeux à la vue des rides vénérables des pénitents voyageurs, et surtout de la ferveur angélique des petits élèves, qui, pendant cette prière, levaient leurs mains innocentes vers le ciel. Au sortir de l'église la manne tombait en abondance ; c'était à qui les recueillerait chez lui, et souvent les aubergistes refusaient tout payement: aussi, loin d'avoir dépensé un seul sou du viatique de l'empereur d'Autriche, la colonie se trouva enrichie de dix écus, tous frais payés, quoiqu'on eût toujours voyagé dans des voitures, et qu'on eût été mieux nourri qu'au monastère.

Les religieuses allèrent passer l'hiver à Léopold, où elles eurent beaucoup à souffrir de la fièvre maligne, qui enleva de ce monde la supérieure et plusieurs de ses sœurs. Déjà cette colonie de Bohême avait eu la douleur de perdre à Boucherat un religieux et une religieuse, aux funérailles desquels avait assisté un grand concours de peuple. Les frères furent contraints, par la mort d'un de leurs élèves et par la quantité de neige qui survint, de rester à Kenty, dans un monastère de Franciscains, où la divine Providence se servit des seigneurs polonais du voisinage pour les aider à vivre suivant la pauvreté de leur saint état. Réduits eux-mêmes à l'indigence après avoir tout sacrifié pour résister à l'invasion des puissances voisines, les nobles Polonais trouvaient encore de quoi exercer la charité chrétienne dans la simplicité de leur vie patriarcale, et au milieu de leurs palais couverts de chaume dont le nom rappelait encore qu'ils eurent tous le droit de prétendre au trône. Du reste, ils affectionnaient singulièrement les Français.

CHAPITRE XV.

Il les fait venir en Russie.

Au fort de l'hiver, l'espoir que le prieur de Bohème avait conçu en partant de Boucherat, fut enfin réalisé par l'arrivée de dom Augustin, qui apportait de Saint-Pétersbourg les passe-ports si attendus. Quelle agréable surprise quand, au milieu de la nuit, un domestique frappant à la porte du dortoir dit au supérieur : « Mon » père, levez-vous promptement; le révé- » rend père abbé vous attend à la poste. » Transporté de joie, le fidèle religieux courut se jeter entre les bras de son abbé venu si à propos au secours de ses enfants; mais il ne put lui parler que le temps que l'on mit à changer de chevaux. L'infatigable dom de Lestrange se rendait encore dans le Briskaw, en sorte qu'il fit le trajet de Saint-Pétersbourg sur les bords du Rhin dans la plus rigoureuse saison, sans sortir presque de sa voiture, ne mangeant le plus souvent que du pain et du fromage. La calomnie qui l'atteignit vers la fin de sa vie se plut quelquefois à le peindre faisant mourir de faim ses religieux au couvent, tandis qu'il se nourrissait fort bien en voyage. Il fut pourtant toujours aussi indulgent envers les autres que sévère à lui-même, et il se refusa constamment les soulagemens qu'il leur accordait. On le vit durant cette longue course, pour éviter de manger à table d'hôte, porter dans sa voiture un petit sac de semoule dont il se faisait faire une bouillie, et c'était, selon qu'il le faisait penser aux maîtres d'hôtel, pour ménager sa santé, et sa bourse, disait-il agréablement à son compagnon.

Après les fêtes de Pâques tous les trappistes, qui étaient partagés en diverses divisions résidant à Kenty, à Léopold, à Varsovie, à Cracovie, se trouvèrent réunis dans cette dernière ville à leur père abbé, revenu du Briskaw. On s'embarqua sur la Vistule en employant encore des radeaux et dans le même ordre qu'auparavant sur le Danube, et l'on arriva à Terespol, ville frontière d'Autriche, où l'on passa quelques jours. L'abbé les employa à organiser deux communautés destinées à aller occuper deux monastères que le czar lui avait donnés dans la Lithuanie. Ensuite après avoir traversé le pont du Bouck, qui sépare les possessions autrichiennes du territoire de Russie, il se dirigea avec tout son monde vers Breschia, première ville de la Pologne russe. Ce fut alors que nos solitaires errants se livrèrent aux douces émotions d'une vive reconnaissance envers la bonté divine, qui les avait délivrés de piéges plus funestes que les premiers dangers auxquels ils avaient échappé, et qu'ils adressèrent au Ciel de ferventes prières pour la prospérité du pays qui leur donnait si charitablement l'hospitalité, conjurant en même temps le Seigneur de pardonner aux illuminés, qui les avaient si indignement persécutés.

L'empereur Paul, outre les deux monastères qu'il avait désignés, avait donné plein pouvoir à l'abbé de Lestrange d'en choisir d'autres à son gré, et même d'en renvoyer les religieux qui les occupaient. Le sage abbé ne voulut point en user de la sorte : il se concerta avec les archevêques de Mohilow et de Wilna et avec leurs suffragants, qui lui assignèrent deux monastères à Breschia et deux autres dans l'évêché de Lusko en Lithuanie. Les supérieurs eux-mêmes de ces maisons se prêtèrent avec d'autant meilleure grâce à céder la moitié de leurs revenus et de leurs bâtiments, que, se voyant menacés d'être supprimés à cause du petit nombre de leurs religieux, qui n'étaient plus que trois ou quatre dans chaque couvent, ils pensèrent que ce serait pour eux un moyen de différer une mesure qu'ils redoutaient.

Quand dom Augustin eut terminé ses arrangements avec les évêques et les abbés il revint à Breschia chercher la colonie destinée à occuper les deux monastères de Lithuanie. On eut beaucoup à souffrir tant par rapport aux chemins marécageux du pays et à ses eaux corrompues, qu'à cause de la rareté des villages et des habitations. On voyageait à pied, l'abbé à la tête, et de temps en temps l'on s'arrêtait dans ces vastes déserts pour faire cuire les légumes portés à la suite avec les marmites, et prendre le repas frugal dans la vaisselle de bois usitée au monastère. On rencontrait à des distances très-éloignées quelques auberges tenues par des juifs accoutumés à rançonner les voyageurs, à qui ils n'offrent que du pain, de l'eau-de-vie et de la bière. Un jour que les voitures étaient demeurées embourbées, voulant obtenir dans une de ces hôtelleries une marmite pour faire cuire le gruau, l'abbé fut obligé d'en déposer le prix entre les mains du juif, qui, ignorant que les pauvres trappistes étaient aussi juifs que lui à cet égard, ne voulut pas la céder par la crainte que l'on y mît des viandes défendues par la loi de Moïse, et qu'il lui fût impossible de s'en servir après cela.

Malgré les fatigues et les privations inséparables d'une telle marche, le révérend père abbé montra toujours un invariable attachement à la sainte règle. Au milieu d'une immense solitude, tandis qu'on préparait le dîner, il tenait le chapitre des coulpes, où chacun s'accusait et se proclamait, comme il eût fait au couvent. Dans une de ces journées pénibles, où l'on passait au travers des marais, dom Augustin, voyant quelques religieux qui, au lieu de le suivre allaient çà et là chercher des sentiers plus commodes, prononça d'un ton en quelque sorte prophétique ces paroles remarquables que les événements vérifièrent ensuite, et qui ne s'effaceront jamais

de la mémoire de celui qui les a entendues.
« Mes frères, si vous refusez de me suivre
» ici, où il ne s'agit que d'un peu d'eau
» et de boue, que ferez-vous dans les épreu-
» ves et dans les difficultés qui nous restent
» à surmonter? Sachez qu'il n'y aura que
» ceux qui me demeureront fidèles jusqu'à
» la fin qui pourront éviter les maux qui
» nous menacent. »

CHAPITRE XVI.

Il les y établit.

Le vénérable abbé de Lestrange arrivé en Volhynie y laissa ses frères en deux monastères de Chartreux pour aller terminer ses négociations avec l'archevêque de Mohilow, puis ayant visité ses deux maisons d'Orcha il revint pour emmener ses religieux en Lithuanie, dans les deux monastères dont il a été parlé plus haut. Celui qui l'accompagna dans ce trajet de plus de cent lieues assura en arrivant qu'en voyageant nuit et jour ils n'avaient mangé autre chose que du pain et du fromage dans la voiture. Ce fut vers la fin de septembre 1799 que dom Augustin prit possession de ces deux monastères au diocèse de Lusko. L'hiver était fort rigoureux cette année-là, et le thermomètre était habituellement au vingt-deuxième degré. Dans un pays où il n'est pas rare de trouver des voyageurs morts de froid, ou de les voir arriver avec les extrémités du corps gelées, que l'on juge si les trappistes n'eurent pas à souffrir beaucoup avec leur genre de vie déjà si austère, n'étant point couverts de peaux comme les habitants. On doutait qu'ils pussent y résister; mais ces dignes enfants de S. Bernard puisèrent dans leur amour pour la mortification et pour leur saint état un courage nouveau qui leur fit endurer ce surcroît de souffrance avec beaucoup de patience et même avec joie.

Tous les revenus de ces monastères consistaient en seigneuries. Là tous les paysans sont serfs; leurs maisons, terres, etc, les auberges même louées aux juifs, tout y appartient au seigneur : les serfs sont obligés de travailler pour lui la moitié de la semaine, et l'autre est pour eux. Il échut donc en partage aux trappistes deux villages dont les habitants, accoutumés à n'être conduits qu'à coups de bâtons, se trouvèrent fort contents de la douceur du gouvernement de dom Augustin, qui défendit de faire jamais usage de ce moyen; mais il ne l'était pas à beaucoup près de leurs services ; ces pauvres misérablss, naturellement fainéants et d'ailleurs peu susceptibles de sentiments, convainquirent bientôt leurs nouveaux seigneurs que le bâton était nécessaire pour les faire travailler. Cependant le bon abbé aima mieux voir ses intérêts temporels en souffrir, que de permettre une telle inhumanité ; les pères trouvèrent d'ailleurs des ressources dans leur propre travail sur un sol fertile. Le pays abonde en blé et en bétail; les terres y sont si grasses que jamais on n'y met du fumier : on n'use de celui des chevaux que pour faire au printems les couches de jardin ; et quoiqu'on ne puisse ensemencer qu'après l'hiver à cause de la grande quantité des neiges, on y fait pourtant une moisson abondante à la fin d'août. Aussi le pain et la viande y étaient-ils à vil prix. La nourriture ordinaire des religieux se composait de pommes de terre et de cachat, espèce de gruau assez insipide. La boisson du pays est la bière et l'hydromel, liqueur excellente pour la poitrine, faite d'eau et du miel fermentés ensemble. Comme les forêts sont pleines d'abeilles réléguées dans le tronc des arbres, le miel y est abondant.

Sur la fin de février 1800 l'abbé Augustin quitta Sedeschine, l'un de ses établissemens, pour venir à Breschia, avec quelques religieux, prendre possession d'un couvent de Trinitaires qui devait desservir celui de ses religieuses, peu distant de cette ville. Aux rigueurs d'un froid excessif qu'il fallut supporter sur de mauvaises charrettes couvertes de toile, se joignirent celles du carême de l'Église, qui obligeait nos voyageurs à ne rien manger qu'au lieu du coucher. Après midi dom Augustin donnait un morceau de pain à ceux de sa voiture qui paraissaient le plus souffrir ; mais il se refusa constamment à lui-même ce léger soulagement. Assis auprès de lui, le religieux qui écrit cette notice de sa vie, ne se rappelle pas de lui avoir entendu proférer cinquante paroles le long du jour. Le frère familier qui conduisait la voiture culbuta une fois tout son monde dans la neige. « Mon ami, que faites-vous donc là ? » dit sans s'émouvoir le père abbé, dont le sang-froid était étonnant en ces occasions.

CHAPITRE XVII.

Il en est aussi banni avec eux.

Il n'avait pas encore terminé cet établissement de Breschia, lorsque, dans le courant de mars, l'empereur Paul, irrité de la défaite de ses troupes en Italie et en Suisse, rendit un ukase par lequel il renvoyait de ses états tous les Français émigrés. Voilà donc l'abbé de la Trappe et les siens

CHAPITRE XVII.

obligés de renoncer à leurs seigneuries, et de reprendre leurs petits paquets et leurs bâtons pour aller errer encore à l'aventure. Il ne lui restait d'autre ressource que celle de s'embarquer sur le Bouck et de gagner Dantzick : ce fut à quoi il se résolut et ce qu'il exécuta après les fêtes de Pâques. Dans un aussi cruel embarras il eut recours au général de Langeron, qui, passé au service de la Russie, commandait alors à Breschia. Ce généreux officier lui rendit toutes sortes de bons offices ; il lui fournit toutes les choses nécessaires pour le voyage, et lui donna même des tentes pour camper son monde sur le rivage, en l'avertissant que cette précaution était rigoureuse pour ne pas s'exposer aux maladies qui surviendraient si ses gens venaient à coucher trop souvent dans leurs bateaux. Le voyage fut long et toujours fait avec les exercices réguliers du couvent. Quelques malles réunies formaient l'autel où l'on célébrait les saints mystères. La grande distance des villages, où l'on ne trouvait pas même du pain, réduisit souvent à ne manger que du cachat ou autres gruaux que l'on faisait cuire sur les barques. Ce fut dans le cours de cette navigation que dom Augustin donna une marque presque incroyable de son imperturbable tranquillité. Atteint de la fièvre depuis son départ de Breschia, il était couché dans le bateau, lorsque appelant un novice prêtre il lui remit à transcrire un manuscrit très-intéressant. Celui-ci alla tout simplement le jeter à l'eau. Quand dom Augustin lui demanda s'il s'occupait de l'ouvrage qu'il lui avait donné, le novice lui répondit qu'il l'avait jeté dans le fleuve, croyant que telle était son intention. A ces paroles l'abbé, sans dire un seul mot, ne fit que lever les yeux au ciel en soupirant.

En arrivant aux frontières de la Russie il fallut attendre les passe-ports, qui n'étaient pas encore venus de Berlin. Ce fut un nouveau sujet de souffrance: les troupes autrichiennes et russes qui bordaient chacune leurs rivages respectifs, avaient reçu ordre de s'opposer au débarquement des trappistes. Le pauvre abbé fut donc obligé de faire arrêter ses bateaux au milieu de la rivière sans pouvoir descendre ni à droite ni à gauche. Après des instances bien des fois réitérées on obtint enfin d'aborder sur la rive droite, et de dresser les tentes du général Langeron pour y camper les religieuses, que la chaleur et leur grand nombre étouffaient dans leur bâtiment. Que l'on se représente ces sœurs trappistines, dames pour la plupart distinguées dans le monde, d'une complexion délicate et d'un naturel timide, réduites aux rigueurs du bivouac et courageusement occupées à tenir sans relâche les avenues et l'intérieur de leurs tentes parfaitement propres et bien rangées. Un trait aussi remarquable ne serait-il pas digne d'être confié à l'histoire ? Et que l'on nous dise de quel nom il faudrait appeler quiconque oserait dans le royaume très-chrétien porter atteinte à une régularité qu'elles ont su conserver avec tant d'intrépidité au milieu des plus grands dangers.

Quant à l'abbé Augustin, comme il était le plus malade, les Cosaques qui bordaient la rive gauche permirent qu'il fût transporté dans une grange voisine, où avec un gros tas de paille on lui arrangea un lit sur lequel il resta couché jusqu'au jour du départ. On le vit là, comme partout ailleurs, toujours soumis et parfaitement résigné à la volonté de Dieu. Dans les ardeurs les plus brûlantes de la fièvre et avec tant de sujets d'angoisse jamais on ne put apercevoir la moindre altération dans ses traits.

CHAPITRE XVIII.

Il passe en Danemarck.

Quelques jours s'étant écoulés, les passe-ports arrivèrent de Berlin. On leva le camp et l'ancre, et l'on continua la navigation jusqu'à Dantzick, où l'on arriva à la fin de juin 1800. Le port était couvert d'une foule immense amenée par la curiosité. Les magistrats, tout luthériens qu'ils étaient, se présentèrent les premiers, et vinrent prendre sur leurs barques l'abbé de la

Trappe et les siens pour les conduire à l'hôtel-de-ville, où ils les comblèrent de mille honnêtetés. Ce fut le soir, à la lueur des torches et des flambeaux dont l'hôtel-de-ville était illuminé, que les pauvres trappistes y firent leur entrée. Après leur avoir offert quelques rafraîchissements les charitables magistrats les firent conduire au couvent des Brigittins et Brigittines, où on les retint jusqu'à leur départ pour Lubeck. On put alors donner plus de soins aux nombreux malades de la communauté, au nombre desquels se trouvait encore dom Augustin, le roi de Prusse ayant envoyé des ordres pour que les médecins de la ville vinssent les visiter gratuitement. En attendant arrivèrent les frères et les sœurs de la Russie Blanche et de la Lithuanie. Ceux-ci n'avaient pas eu moins à souffrir dans leur retraite. Ils avaient été obligés de demeurer plusieurs jours dans une île inhabitée du Bouck sans qu'il leur fût permis de prendre terre ni à droite ni à gauche; mais la Providence veillait aussi sur eux, et des ames compatissantes de Breschia et de Terespol vinrent plus d'une fois à leur secours. Enfin l'abbé Augustin eut encore la consolation de voir toute sa religieuse colonie réunie sous ses yeux à Dantzick. Les gens du monde, les protestants, qui n'avaient connu les moines que par les déclamations de leurs écrivains, ne pouvaient se lasser d'admirer cette charité étonnante qui unissait les membres à leur chef, et dont le malheur ne servait qu'à resserrer davantage les liens.

On devait s'embarquer sur la mer Baltique, et il s'agissait pour cela de faire équiper trois vaisseaux ; mais le pauvre abbé était loin d'en avoir les moyens. Le maître de tous les cœurs, Dieu, en qui dom Augustin mettait uniquement sa confiance, inspira à un riche négociant luthérien de faire les frais de l'armement des vaisseaux, et de les approvisionner de viandes salées permises sur mer aux trappistes, de biscuits, etc. On alla camper sur le rivage à une lieue de Dantzick pour être prêt à l'embarquement au moment favorable, et l'après midi du 26 juillet, le vent soufflant en poupe, on mit sur-le-champ à la voile. Les religieuses étaient dans un vaisseau, et avec elles trois anciens religieux prêtres pour leur dire la sainte messe et pour leur administrer tous les secours spirituels; les frères du tiers-ordre et leurs élèves occupaient le second. Là, ainsi que dans tous les autres voyages, les études ne furent jamais interrompues. Les professeurs du tiers-ordre ont assuré souvent que jamais leurs élèves n'avaient fait plus de progrès, et on pourra le concevoir si on se rappelle qu'ils n'étaient point détournés par le travail des mains auquel on les applique deux heures par jour au monastère en forme de récréation. Les autres religieux montaient le troisième vaisseau. Dom Augustin, qui était encore tourmenté de la fièvre, fit le trajet par terre.

En temps ordinaire deux jours auraient suffi pour le passage de Dantzick à Lubeck; mais à peine eut-on gagné la haute mer que, les vents contraires s'étant élevés, les vagues devinrent si furieuses qu'à tout instant il semblait que les bâtiments fussent sur le point d'être engloutis. Une portion de pois mangée au dîner, le mouvement violent du roulis causèrent à tous des maux de cœur et d'estomac difficiles à exprimer. Les trois vaisseaux partis ensemble furent bientôt jetés à vingt et trente lieues l'un de l'autre. Toute la nuit la tempête fut effrayante ; les matelots plièrent les voiles et se mirent à prier. Tandis que les passagers étaient assis sur des planches rangées autour de l'intérieur du vaisseau en forme de lits de camp, on psalmodiait le saint office, on faisait tous les autres exercices réguliers, et l'on priait plutôt pour ceux des autres bâtiments que pour soi-même. Quelques petits coins séparés formaient le confessionnal.

Après dix jours d'une navigation orageuse les trois vaisseaux abordèrent à Lubeck, où se trouvait déjà l'abbé Augustin, qui y fit prendre du repos à ses religieux pendant quelques semaines. De là il les dirigea par terre sur Altona, où ils s'établirent pour l'hiver.

CHAPITRE XIX.

Il entre à la Val-Sainte.

Ce fut là que l'abbé de Lestrange, voyant l'Europe embrasée par l'incendie révolutionnaire, forma le dessein de passer en Amérique avec ses frères à l'exception des malades, qu'il devait laisser en son monastère de Darfeld près de Munster. Pour mettre à profit les moments passagers de tranquillité dont ses communautés jouissaient en hiver il passa en Angleterre, où il obtint du célèbre Pitt pour chacun des siens une pension annuelle telle que le gouvernement britannique l'accordait à tous les émigrés français. Quand il se présenta à son roi fugitif Louis XVIII, instruit depuis long-temps de tout ce qu'avait fait entreprendre à ce digne abbé la fidélité inviolable à son saint état, il fut reçu avec tendresse. Dom de Lestrange, mettant à profit les bonnes dispositions qu'il trouva dans ce royaume, acquit près de Londres une maison pour y établir un couvent de religieuses, qui s'embarquèrent à Hambourg pour aller l'occuper, et qui y vivent encore sous le sage gouvernement de madame de Chabanne leur supérieure actuelle. En même temps d'autres allèrent fonder un monastère près de Darfeld.

Cependant les affaires de la Suisse commençaient à se pacifier, et les nombreux amis que l'abbé Augustin avait au sénat de Fribourg se hâtèrent de lui écrire qu'ils ne désespéraient pas de le voir rentrer à la Val-Sainte. L'homme de Dieu, dont le cœur et les pensées tournés vers l'Amérique s'étaient déjà enflammés du désir du salut des sauvages, ne put abandonner entièrement ce projet. Trente religieux des plus fervents furent désignés, sans y être obligés, pour aller former un établissement dans le Kentucky. Les difficultés extrêmes de cette entreprise et le sacrifice d'une somme énorme de trente mille francs qu'il lui en coûta, montrèrent encore que rien ne l'arrêtait quand il s'agissait de la gloire de Dieu et du salut des ames.

CHAPITRE XIX.

Après l'hiver de 1801 il quitta Altona avec ses frères et sœurs, et vint provisoirement établir les unes à Paderborn et les autres à Dribourg, où ceux de Darfeld avaient déjà commencé à bâtir une maison que les nouveaux venus achevèrent de leurs propres mains, en construisant les murs avec une terre grasse mêlée de paille hâchée, à peu près à la manière du pisé de Lyon. Pendant le séjour d'un an qu'ils y firent il s'éleva contre le respectable abbé une persécution d'un nouveau genre : un ecclésiastique intenta contre lui une accusation de jansénisme, de cruauté envers les élèves, etc., qui fut colportée si publiquement qu'elle donna l'éveil au gouvernement de Prusse, à qui le pays était échu en partage. Le roi envoya des commissaires dans toutes les maisons pour faire subir des interrogatoires aux religieux et religieuses, surtout aux chefs. Le silence et le calme de l'abbé en cette conjoncture délicate furent admirables, et le résultat de toutes ces menées tourna à la confusion de celui qui les avait provoquées.

Pendant ce temps-là son zèle toujours vigilant ayant donné suite aux ouvertures qu'il avait reçues du sénat de Fribourg, et sa rentrée ayant été décidée, on partit de Westphalie au mois de mai 1802 pour se rendre à la Val-Sainte. On voyagea par petits détachements en passant par Francfort et par Bâle, et tous se trouvèrent enfin réunis à la Val-Sainte vers la fin de juin. Dom Augustin loua pour les religieuses une maison à Villard-Volard, à trois lieues de la Val-Sainte, en attendant qu'il leur eût fait construire le couvent de la Rieddray, où elles demeurèrent cloîtrées jusqu'à leur rentrée en France au second retour de Louis XVIII.

Le vénérable réformateur ne tarda pas de chercher à répandre partout la précieuse semence qu'il avait recueillie et emportée avec lui tout entière, et qu'il avait conservée intacte à travers tant de vicissitudes et tant de périls. Peu après il envoya des religieux auprès de Sion en Valais et d'autres à Rapallo près de Gênes pour y faire de nouveaux établissements. En 1804 il fit un voyage à Rome pour les intérêts de sa réforme, et il en rapporta divers indults et entre autres un bref de Pie VII en faveur de son tiers-ordre. On lui donna même l'autorisation de fonder à quelques milles de Rome un couvent qui a subsisté jusqu'à l'invasion des Français et jusqu'à l'enlèvement du Pape et des cardinaux par les ordres de Bonaparte. L'année suivante il traversa la France pour se rendre en Espagne. Les fidèles le virent avec consolation passer à Lyon dans son costume, accompagné de deux élèves du tiers-ordre, également en costume de trappistes. Ses démarches à la cour de Madrid eurent une heureuse issue par l'entremise de la duchesse de Villa-Hermosa, qui lui fournit elle-même des secours pour la Val-Sainte. Il visita le monastère qu'il avait fondé près de Sarragosse en 1795, et y trouva une régularité parfaite ; mais sa course au travers du royaume fut très-périlleuse : la peste y faisait ses ravages, et les malfaiteurs infestaient les routes. Un jour il faillit être assassiné par des voleurs qui, s'étant aperçus dans une auberge qu'il avait de l'argent, allèrent l'attendre au grand chemin. Déjà ils étaient dans sa voiture, le poignard à la main, lorsque heureusement il survint une autre voiture qui leur fit prendre la fuite. Il dit à ce sujet qu'après Dieu il devait sa délivrance aux deux anges qu'il avait à ses côtés, parlant de ses deux élèves, qui étaient en effet des modèles de vertu et de modestie. De pareils événements étaient incapables de l'arrêter ou de modérer son zèle.

CHAPITRE XX.

Il introduit ses Religieux en France.

Mais c'était surtout à sa patrie que l'abbé de la Val-Sainte voulait rendre le trésor de l'observance monastique qu'il avait emporté aux terres étrangères, et qu'elle ne pouvait plus attendre que de lui. La France, après avoir été déchirée par mille factions, venait enfin de tomber sous un gouvernement plus ferme, qui y avait établi la tranquillité. A son retour d'Espagne dom de Lestrange se hasarda d'aller à Paris pour s'adresser à Bonaparte devenu empereur. Il fut assez bien accueilli grâce à la bienveillante intervention de Mgr le cardinal Fesch, qui le combla toujours de ses bontés. Napoléon lui donna l'établissement du mont Genèvre, destiné principalement comme celui de Saint-Bernard à donner l'hospitalité aux voyageurs et l'étape aux soldats qui passaient en Italie, et il assigna des revenus à cette maison aussi bien qu'à la Trappe de Gênes, qui devait, disait-il, devenir la pépinière ou mieux le noviciat de la maison hospitalière. En même temps Mgr l'évêque de Versailles remettait à dom Augustin le gouvernement d'une maison de trappistes et de trappistines suivant à Grosbois la réforme de l'abbé de Rancé, et dom Augustin achetait près de Paris la maison du Calvaire pour y établir quelques religieux. Il y fit construire à ses frais les stations de la croix, où les personnages étaient figurés de grandeur

naturelle tels qu'on les voit encore aujourd'hui. Il y reçut l'empereur et l'impératrice Marie-Louise, qui parut triste et rêveuse pendant tout le temps que l'on mit à considérer ces diverses stations. L'abbé était loin de s'attendre à tant de succès de ses démarches auprès du gouvernement français ; mais Dieu permit qu'il fût puissamment secondé par un ministre ami du bien, le comte Portalis. Napoléon lui-même n'hésita pas de reconnaître « l'utilité et
» même la nécessité des maisons religieuses
» qui devaient, disait-il, servir d'asile à
» ceux à qui le monde ne convenait pas
» ou qui ne convenaient pas au monde. »

Un vaste champ venait de s'ouvrir au zèle de dom Augustin, jusqu'alors concentré dans la Suisse. Déjà il s'y livrait tout entier et non sans succès, car combien d'ames lui durent dès-lors en France leur salut éternel ! Mais l'ennemi de tout bien ne put le laisser en paix. Ce fut alors que son monastère de Darfeld, jusqu'alors très-soumis, détacha de son obédience pour passer sous l'autorité de Mgr l'évêque de Munster, et qu'il abandonna sa réforme pour prendre celle de M. de Rancé. Il serait hors de propos de rapporter ici les détails de cet événement que Mgr l'archevêque d'Ancyre a fort bien caractérisé dans son rapport à la Congrégation des cardinaux dite des réguliers. Il suffit de dire que dans toute la suite de cette fâcheuse affaire le digne abbé fit éclater une prudence et une modération admirables. Dans la suite, après le second retour de Louis XVIII en France, les trappistes de Darfeld passèrent, avec le couvent des trappistines qui se trouvait près de là, à la Val du diocèse du Mans, que Pie VII a érigée il y a quelques années pour cette nouvelle congrégation, en sorte que la Val est devenue le chef-lieu de la réforme de la Trappe de M. de Rancé, et qu'au contraire la réforme de la Val-Sainte en vigueur dans les maisons françaises de trappistes, dont tous les religieux sont encore aujourd'hui les enfants de l'abbé Augustin, a maintenant pour chef-lieu l'abbaye de La Meilleraie près de Nantes.

8.

CHAPITRE XXI.

Il est persécuté par Bonaparte.

Le reste de sa vie n'est plus qu'un tissu de traverses et de persécutions qu'il ne partagea plus comme au temps de l'exil avec le grand nombre de victimes de la révolution, mais qui se dirigèrent spécialement contre lui et ses frères. L'espèce de protection que Napoléon avait semblé lui accorder ne fut que passagère. Le pape Pie VII était captif à Savone. La fidélité inébranlable au saint-siège que l'expérience des malheurs récents avait fortifiée dans l'ame du saint abbé, et son attachement filial pour le pape Pie VII en particulier, le portèrent à s'exposer à tous les dangers et à surmonter tous les obstacles pour le visiter dans sa prison. Napoléon, qui en eut connaissance, ne put en dissimuler son dépit; mais la colère du despote eut bientôt l'occasion d'éclater contre l'abbé de

CHAPITRE XXI.

Lestrange. La république de Gênes venait d'être réunie à l'empire français, et là, comme dans tous les autres états envahis de l'Italie, on exigeait de tous les ecclésiastiques un serment de fidélité à l'empereur. On le demanda aussi aux trappistes de la Cervara, monastère peu distant de Rapallo, sur le littoral de Gênes, dirigé par le P. François de Sales, dom Burdet, natif d'Anse, près de Lyon. Le bon religieux avait d'abord obligé toute sa communauté à souscrire la formule du serment qui lui avait été apportée par le préfet. Il avait été déterminé à cette démarche par le conseil du cardinal Doria et de quelques autres personnes distinguées du clergé, qui lui assurèrent que la chose avait été permise par le Pape. Peu de temps après il reçut du père abbé, mieux informé, l'ordre de le rétracter publiquement. Le bon père obéit ponctuellement. Il prononça cette rétractation à la tête de sa communauté, un jour de fête où l'église était pleine de gens de toute condition, après un discours où il ne dissimula point que ses frères et lui s'attendaient à toutes sortes de périls, mais qu'ils aimaient mieux les affronter que d'offenser Dieu. En vain, pendant le peu de jours qui s'écoulèrent jusqu'à son arrestation, le préfet, le sous-préfet et les juges de Rapallo vinrent les uns après les autres employer les prières, les promesses et les menaces pour l'engager à se désister de cette rétractation : pour y donner plus de publicité il en expédia partout des copies, et même aux autorités. On envoya d'abord des gendarmes pour le garder à vue. Enfin, un jour que les religieux assemblés au chœur venaient de dire le *Deus, in adjutorium* de prime, l'église fut envahie par une troupe de soldats ayant à leur tête le procureur impérial, prêtre apostat. On les chassa du chœur avec violence, et on les poussa jusqu'au dortoir, où ils furent renfermés pendant que la maison était mise au pillage. Dom Burdet fut emmené le premier pour passer à un conseil de guerre qui avait ordre de le faire fusiller; mais les sollicitations pressantes d'un grand nombre de protecteurs et d'amis lui valurent de n'être condamné qu'à une détention de quinze ans, qu'il alla subir en l'île de Corse. Quant aux autres frères, ils furent déportés sans jugement au nombre de vingt-sept et conduits de village en village, revêtus de frocs de toile et de bonnets rouges comme des galériens. A leur arrivée en l'île de Capraya ils furent déposés dans la forteresse et jetés dans de noirs cachots remplis de vils insectes, si étroits qu'il n'y avait pas d'espace suffisant pour se coucher à terre, et si infects que dès le lendemain quand on vint les en retirer plusieurs étaient pâmés. Après avoir été détenus quinze mois dans cette situation on les fit passer à Corte en Corse, où ils eurent la consolation de partager la captivité de dom Burdet, leur supérieur. Les mauvais traitements leur furent prodigués en cet endroit comme aux ecclésiastiques romains. De temps en temps on revenait à d'horribles menaces appuyées des mesures les plus atroces, pour vaincre leur résistance et exiger de nouveau le serment. On peut dire que leurs souffrances furent inouïes; ils n'éprouvèrent que quelques soulagements dus à la charité de plusieurs habitants de Gênes et de Livourne. Enfin, à la restauration de la monarchie française la révolte de Corte leur rendit la liberté.

Cependant des ordres avaient été adressés au sénat de Fribourg pour dissoudre la communauté de la Val-Sainte, et la tête de dom Augustin avait été mise à prix. Il fut arrêté à Bordeaux sur le point de s'embarquer pour l'Amérique, et mis au cachot. Jeté dans une affreuse prison, réduit aux plus grandes privations et confondu pêle-mêle avec des scélérats, sa plus grande peine était, disait-il, de voir ces malheureux oublier qu'ils avaient une ame à sauver. Le supérieur du séminaire de Bordeaux ayant obtenu qu'on lui assignât la ville pour prison, il en profita pour presser l'embarquement des frères et sœurs qu'il envoyait en Amérique. Comme ses enfants lui témoignaient leur chagrin de le laisser en partant sous le glaive du pouvoir, il leur dit qu'il était trop heureux que personne ne pérît pour lui, et qu'il donnerait sa vie avec joie pour une si belle cause. « Allons, partez, » ajouta-t-il en leur donnant sa bénédiction, et il rentra au séminaire. Pendant ce temps-là le ministre averti par le commissaire de police de l'arrestation de dom Augustin, ne voulant rien précipiter, envoya l'ordre de lui délivrer des passe-ports pour sa maison principale, où il se proposait de le séquestrer en attendant des mesures ultérieures. Cette maison était dans l'idée du ministre celle du mont Genèvre, située sur le territoire français. Le commissaire prenant le change crut que son chef voulait dire la Val-Sainte, dont le P. de Lestrange était abbé. L'équivoque sauva la vie au prisonnier, et valut de terribles reproches au pauvre commissaire.

CHAPITRE XXII.

Il se sauve en Angleterre.

Muni de ses passe-ports, dom Augustin se rendit en toute hâte à la Val-Sainte, il en repartit deux jours après, prévoyant bien ce qui arriva bientôt. En effet le lendemain de sa sortie le président de police de Fribourg fit prévenir par une dépêche secrète le procureur de la Val-Sainte qu'il devait venir le jour d'après entourer le monastère avec de la force armée pour se saisir du père abbé. Le procureur lui répondit en le remerciant qu'il n'y avait rien à craindre. Le procès verbal de la visite ayant été adressé à M. de Talleyrand, ambassadeur français en Suisse, on envoya sur-le-champ le signalement de dom Augustin dans toutes les directions ; on fouilla les auberges et diverses maisons de particuliers sur la route de Genève à Fribourg, pendant que l'abbé monté sur un bon cheval, et sorti du couvent de La Rieddray, gagnait les petits cantons où, sous un nom emprunté, il obtint d'un avoyer de ses amis un passeport pour la Russie. Le chevalier de La Grange, alors novice à la Val-Sainte, et maintenant religieux à La Meilleraie, se dévoua à l'accompagner tout seul dans ce voyage, ou plutôt dans cette fuite périlleuse.

CHAPITRE XXII.

Après avoir essuyé mille fatigues et couru mille dangers, le père abbé arriva enfin à Riga, qui peu après fut bloquée par l'armée française, et d'où il ne put sortir que par mer. Il tomba gravement malade dans la traversée, ce qui le contraignit de rester six semaines dans un port d'Angleterre. Le loisir que lui procura ce séjour fut employé à faire imprimer le recueil des brefs de Pie VII relatifs à la persécution de l'Église romaine par Bonaparte. Il avait emporté de France toutes ces pièces au péril de sa vie. Son secrétaire, qui lui aidait à faire son porte-manteau à La Rieddray pour s'enfuir en Russie, lui ayant fait observer que Napoléon avait décrété peine de mort contre quiconque serait porteur de ces bulles, il insista en faisant un signe et un sourire qui annonçait assez l'intrépidité de son ame et son abandon aveugle aux ordres de la Providence. Il fit ensuite passer ce recueil dans toutes les parties du monde, en Amérique, en Afrique et jusque dans la Chine, par l'entremise de M. l'abbé Chaumont, supérieur des missions étrangères, et par le moyen des négociants anglais. Rendu enfin à son monastère d'Angleterre, il y prit quelques religieux anglais et irlandais dans l'intention d'aller s'établir à la Martinique.

CHAPITRE XXIII.

Il passe en Amérique.

On ne peut dire tout ce qu'il eut à souffrir dans le cours de cette navigation de la part d'un de ses religieux irlandais. Ce malheureux, piqué de quelques reproches que son supérieur crut devoir lui adresser sur son peu de retenue, le calomnia auprès du capitaine du vaisseau, et indisposa contre lui tout l'équipage, qui le maltraita beaucoup. Toutes les voix de douceur et de bonté furent épuisées pour ramener à son devoir ce religieux rebelle ; tout fut inutile, il demeura endurci. Dieu glorifia bientôt son serviteur : il s'éleva alors une si furieuse tempête que le capitaine s'écria à plusieurs reprises : *Nous sommes perdus, nous sommes perdus !* A ces cris l'abbé se jette à genoux, et fait vœu de dire trois messes si Dieu daignait les préserver du naufrage. Au même instant la tempête s'apaise, la mer devient calme et le capitaine protestant transporté d'admiration se jette aux pieds de dom Augustin, l'appelant le libérateur du vaisseau. Il fit ensuite consigner le fait dans les journaux. Nous avons appris des passagers qui se trouvaient avec le père abbé à son retour d'Amérique, que le vaisseau où il était avec quelques-uns des siens courut le même danger, et dut également son salut à la ferveur de ses prières.

Tandis que des protestants ne pouvaient s'empêcher de reconnaître le doigt de Dieu dans l'intervention de son digne ministre, le perfide religieux irlandais, toujours obstiné dans sa haine, fut à peine débarqué à la Martinique qu'il courut dénoncer au gouverneur son père abbé, qui fut aussitôt mis en prison. La justice céleste ne pouvait laisser un tel crime impuni. Le misérable apostat, frappé d'une maladie dangereuse, ne put plus tenir contre les remords de sa conscience. Il déclare que dom Augustin est tout-à-fait innocent des indignes accusations auxquelles il avait été entraîné par les sentiments les plus odieux; il conjure que l'on remette son supérieur en liberté, et demande à se confesser à lui et à lui témoigner ses regrets. Aussi généreux que compatissant, l'abbé vole auprès de ce fils égaré, l'embrasse, le console; mais ô profondeur des jugements de Dieu! le religieux infidèle s'était embarqué; à peine le vaisseau eût-il mis à la voile que, battu par une violente tempête, il fit un triste naufrage, et périt corps et biens.

Dom Augustin se remit en mer, et arriva à New-York, où, avec les frères et les sœurs embarqués à Bordeaux au moment de son arrestation, il forma deux établissements principalement consacrés à l'éducation de la jeunesse. Il se livra à son zèle dans ces contrées où la moisson est si grande. Il convertit à New-York un ministre protestant, et il laissa dans cette ville des traces précieuses de son passage; mais en revanche il éprouva des contradictions, même de la part de quelques ecclésiastiques. Ayant rappelé auprès de lui, dans la Pensylvanie, la colonie de religieux qu'il avait envoyée dans le Kentucky en 1801, et qui était ensuite passée dans la Louisiane, il la trouva fort affaiblie. Plusieurs de ces bons pères employés à la conversion des Illinois, peuple sauvage et féroce, avaient péri victimes de leur zèle. Tous demeurèrent ainsi réunis jusqu'à ce que, Napoléon ayant été relégué dans l'île d'Elbe, dom Augustin s'embarqua pour revenir en France avec la majeure partie des siens. Il n'en laissa qu'un petit nombre qui, à présent encore, sont établis à Tracady dans la nouvelle Écosse, où les pères exercent le saint ministère, et où les sœurs s'appliquent à l'éducation des enfants. Le pays est si dépourvu de prêtres qu'il n'y en a que neuf dans tout le diocèse, et Mgr l'évêque, qui réside à Antigoniche, est si pauvre que, quoique chargé de des-

9.

servir lui-même trois grosses paroisses et d'en soigner les malades, il est obligé de s'adonner comme S. Paul, aux travaux manuels, et surtout à la culture. Un trappiste écrivant dernièrement à un de ses confrères en France, lui marquait que M*gr* l'évêque s'était forcé les reins en retirant des pommes de terre dans sa cave.

CHAPITRE XXIV.

Il rétablit ses Trappistes en France.

Dès que dom Augustin fût arrivé en France, il se hâta de rassembler ses brebis dispersées. Son premier soin fut de racheter le monastère de la Trappe, berceau de la réforme, où il rappela une partie des religieux qui étaient rentrés à la Val-Sainte depuis la chute de Bonaparte ; l'autre partie fut envoyée à Aiguebelle, ancienne abbaye de Cîteaux, au diocèse de Valence. Le couvent des religieuses situé près de Fribourg, qui avait échappé à la connaissance et à la fureur de Napoléon, fut destiné à former la maison de Lyon et celle des Forges, à quelques lieues de la Trappe, au diocèse de Seez. Les trappistines du Valenton, qui errèrent çà et là sur les côtes de Bretagne durant les cent jours, se rétablirent à Mondey, au diocèse de Bayeux, sous la conduite de Mme de Châteaubriand, qui était alors leur supérieure. Les religieux revenus d'Amérique se fixèrent à Belle-Fontaine, diocèse d'Angers, et ceux d'Angleterre à La Meilleraie, diocèse de Nantes. Pie VII avait déjà érigé cette dernière maison en abbaye. Peu après l'abbé Augustin envoya plusieurs de ses religieuses des Forges fonder un établissement dans la Vendée à Notre-Dame des Gardes, diocèse d'Angers. Le monastère d'Aiguebelle détacha aussi quelques-uns des siens pour fonder une maison au diocèse d'Alba en Piémont, et une autre à la Sainte-Baume, diocèse de Fréjus. Il y eut aussi plusieurs établissements du tiers-ordre formés en même temps à Montigny, diocèse de Dijon, à Louvigné-du-Désert, près de Fougères, diocèse de

Rennes, et à Notre-Dame-des-Lumières, diocèse d'Avignon.

Tant d'œuvres saintes entreprises et soutenues avec une si rare persévérance pour la gloire de Dieu et pour la prospérité de sa réforme, obligèrent le saint abbé à faire souvent de longs et pénibles voyages : jamais ils ne portèrent atteinte à sa régularité. Ce trait de ressemblance du serviteur de Dieu avec le Sauveur et les apôtres fut cependant celui par lequel la censure des hommes eût voulu le trouver en défaut : elle ne l'épargna pas ; elle lui fit souvent un crime de ses courses mêmes, qui le montreront à la postérité chrétienne et religieuse passant partout en faisant du bien. Nous venons de voir qu'il n'y eut aucun de ces voyages qui ne fût commandé par la nécessité des circonstances et par les motifs les plus péremptoires. Il nous reste à raconter le dernier, dont les accusations de ceux qui s'étaient faits ses ennemis furent la cause, et qui hâta sa mort, si précieuse devant Dieu.

CHAPITRE XXV.

Il est mandé à Rome.

Dans le cours de l'année suivante, plusieurs membres du clergé de France, des évêques même s'étant laissé entraîner par d'injustes insinuations à de fâcheux soupçons contre le saint abbé, adressèrent leurs plaintes à Rome. La sacrée Congrégation des évêques et des réguliers fut saisie de cette affaire, et M^sr l'archevêque *in partibus* d'Ancyre, qui en était secrétaire, fut chargé de l'instruire. Mandé à ce tribunal, dom Augustin courut protester, aux pieds du vicaire de Jésus-Christ, de sa soumission parfaite aux ordres de la Providence. Pour faire ressortir la justification complète du serviteur de Dieu, nous n'avons qu'à laisser parler ici le mémoire du prélat secrétaire adressé à LL. EE. les cardinaux de la Congrégation des réguliers, présidés par le cardinal Pacca, qui en était préfet. Après

des considérations de l'ordre le plus relevé, puisées dans l'esprit de l'Évangile et dans l'histoire des premiers siècles de l'Église, sur l'origine différente et la destination sans cesse opposée de l'état monastique qui se cache au désert, et de l'épiscopat qui établit son siège au centre des populations, le prélat continue : « Voilà pourquoi ces fondations
» deviennent si faciles, et durent beaucoup.
» Il est aisé de trouver un homme pieux
» qui donne une pièce de terre inculte,
» abandonnée. Une cabane coûte peu, et
» l'ermite la construit lui-même. Sa règle
» l'oblige tous les jours au travail de la ter-
» re à des heures fixes. Ils sont tous ou
» deviennent tous colons ; ils vivent avec
» quatre sous, et leur culture vaut des
» écus. Dans peu d'années la forêt devient
» un jardin. L'ermite vit toujours avec la
» même économie; le surplus est pour les
» pauvres du voisinage ou pour donner
» l'hospitalité aux pélerins. Ainsi l'abbé se
» trouve dans le cas de faire des acquisi-
» tions pour les autres ermitages ; enfin
» il s'engage si nous voulons, et sans re-

» cevoir un franc, à en établir tant qu'on
» voudra. L'on trouve partout des gens à
» qui Dieu inspire de faire pénitence.

» Il ne faut pas s'étonner si un gouver-
» nement, dans son premier enthousiasme,
» favorise et ne trouble pas ces établisse-
» ments. Le politique ne peut regarder
» ces solitaires que comme de bonnes gens,
» qui, sages ou idiots à ses yeux, font
» profession de ne s'intriguer en rien, de
» n'inquiéter personne ; qui consomment
» un sou pour eux et gagnent un écu pour
» les autres. Le voleur même ne trouve pas
» mauvaise la spéculation sur des patri-
» moines qui s'accroissent et qu'il pourra
» piller un jour.

» L'homme religieux admire cependant
» le mystère révélé au saint fondateur des
» ermites pour en faire une pépinière de
» saints d'après le conseil de Jésus-Christ,
» qui dit : « Sors du monde, renonce à
» tout ; anéantis-toi toi-même, et suis-moi
» avec la croix. » S. Benoît organisa cette
» troupe d'imitateurs du Christ en réglant
» la vie des anachorètes et en partageant

» les heures du jour par l'oraison et le
» travail de la terre. Il n'est pas étonnant
» qu'en peu de mois on y fasse un saint.

» L'on ne conçoit pas quels désagréments
» ces établissements des trappes de la Val-
» Sainte pouvaient donner à ces Français
» que l'on a vus se déchaîner et porter le
» désordre dans les retraites qui, soit qu'on
» les regarde selon l'esprit de leur première
» institution, soit que l'on observe que
» le Saint-Siège se les est réservées lorsque
» la discipline a changé, n'ont rien à dé-
» mêler avec eux, ce qui les met dans le
» cas de rendre compte à Dieu du trouble
» qu'ils y jettent.

» On nous avait épouvantés par de vai-
» nes clameurs contre ce P. Augustin,
» qui, humble et soumis, est venu de suite
» à Rome, où il est encore pour recevoir
» les ordres qu'on lui donne de temps en
» temps pour sa règle. Il y a cinq mois
» qu'on a demandé des données précises
» sur les plaintes graves qui ont provoqué
» l'appel et un voyage de cinq cents lieues
de ce bon religieux, qui, abandonnant

» ces bonnes œuvres, est ainsi persécuté,
» et il n'a paru aucun chef d'accusation
» contre lui.

» Bien plus, VV. EE. auront bientôt
» sous les yeux une lettre écrite au prieur
» d'une trappe après la visite qu'y avait
» faite un des évêques plaignants, dans
» laquelle il dit qu'il avait été enchanté de
» tout ce qu'il avait trouvé, et qu'il entre
» dans les sentiments de la reine de Saba
» qui, *donec ipsa veni et vidi oculis meis,*
» *et probavi quod media pars mihi nuntiata*
» *non fuit.* »

Puis un peu plus loin : « Il y a un an
» qu'ils firent appeler cet abbé intrigant
» par la sainte congrégation, et VV. EE.
» se rappelleront qu'on nous le dépeignit
» comme si indomptable, que si on ne le
» retirait de son poste il serait impossible
» de purger la France des troubles que
» ses établissements y occasionaient. De
» là, comme elles savent, on l'appela
» comme en tremblant, craignant qu'il ne
» vînt pas ou qu'il prît la fuite qui sait
» où, peut-être en Amérique ; cependant

» il se rendit à l'appel. Depuis le mois de
» juillet, au plus fort de la canicule, le
» pauvre abbé est à Rome. Sept mois après
» la sainte congrégation écrivit à ses accu-
» sateurs de nous donner les détails par-
» ticuliers sur les motifs de son appel. De-
» puis cinq mois ils n'ont pas daigné nous
» répondre pour nous instruire comment
» un bénédictin, père de tant d'établisse-
» ments pieux, a été arrêté dans sa car-
» rière, et appelé sans viatique jusqu'ici.

» Quatre jours après cette intimation il
» entendit le nom du Saint Père; il crut
» connaître la voix de Jésus-Christ, et *longo*
» *et recto tramite* il partit pour Rome. Ici
» il ne s'est jamais plaint de la forme de
» son *veniat*. Il s'est présenté à l'obéissance
» avec joie, il a demandé comment il
» devait la pratiquer. On lui a demandé
» avec peine les titres qui l'autorisaient à
» faire tant d'établissements; c'est alors que
» j'ai paru dans cette affaire comme ministre
» suprême de la sainte congrégation. Le
» pauvre abbé, toujours franc et soumis,
» m'a produit la fondation de l'abbaye de

» la Val-Sainte, approuvée et reconnue par
» Pie VI. Lorsque je lui parlai des autres
» établissements il parut surpris qu'on lui
» demandât autre chose. Il m'apporte de
» temps en temps des lettres pleines des
» soupirs de ses ermites pour son retour,
» de leurs pleurs en voyant les trappes
» qu'on détruit, du désordre que cause son
» absence, de la nouvelle d'une rétracta-
» tion qu'a faite un évêque de quelques
» soupçons sur ses mœurs.

» Quant à sa conduite pour son affaire,
» après s'être présenté à l'obéissance à Sa
» Sainteté, il y a un an, il n'a demandé
» aucune autre audience. Lorsqu'il a obéi
» à quelque ordre ou même à la moindre
» insinuation de Sa Sainteté, comme le
» changement du logement qu'il avait pris
» à la Trinité-du-Mont, parce que ne sa-
» chant pas l'italien il y trouvait des Fran-
» çais, comme lorsqu'on chercha à le met-
» tre à Saint-Bernard, comme lorsque Sa
» Sainteté lui a fixé une pension, et lui a
» donné des marques de bienfaisance, le
» père, toujours le même, n'a jamais ré-

» pliqué; mais, jaloux de ne pas paraître
» ingrat, il s'est empressé de venir aux
» pieds de Sa Sainteté, me priant de me
» prosterner pour lui, et de l'assurer de
» sa reconnaissance et de son dévouement.

» Vos EE. ont déjà vu s'il est importun
» par ses visites et par ses instances. Un
» intrigant serait tout le jour dans les anti-
» chambres. Rester un an sans écrire un
» billet pour presser une cause qui attaque
» l'honneur, la réputation, le rang, le
» zèle, me semble une chose extraordi-
» naire.

» Il vient chez moi rarement et avec
» timidité. Pour que je n'en sois pas sur-
» pris il me dit toujours qu'il est prêt à
» venir toutes les fois qu'il sera appelé.
» Une seule fois, il y a quelques mois, il
» me demanda comment allait son affaire:
» je lui répondis qu'on attendait la réponse
» des évêques; il ne s'est plus informé
» de la cause du retard.

» En recevant de lui quelques documents
» pour former un sommaire des entraves
» que souffraient ses établissements, je

» puis confesser mon étonnement de n'a-
» voir jamais entendu de sa bouche une
» parole de plus que le simple fait. Je puis
» attester qu'en l'entendant parler de l'évê-
» que de.... dont il avait beaucoup à se
» plaindre à cause de ses vexations, je n'ai
» pu savoir s'il a quelque défaut, et quel
» est son naturel. A mon âge je n'ai ja-
» mais connu d'homme, ayant une longue
» contestation avec d'autres, à qui je puisse
» rendre un pareil témoignage.

» Quant à sa conduite en public, où il
» paraît rarement, l'on n'a jamais entendu
» y reprendre la moindre chose.

» Les Bernardins eux-mêmes, qui l'a-
» vaient refusé au commencement, m'ont
» assuré qu'il est délicat pour son régime
» et pour les remèdes; mais qu'il fait mai-
» gre, qu'il est sobre, qu'il ne boit pres-
» que point de vin, qu'il édifie par sa re-
» traite, son silence perpétuel et ses orai-
» sons prolongées pendant plusieurs heures.

» Son domestique paraît un homme
» craignant Dieu; il est très-affectionné à
» son maître à cause de ses bons exemples.»

Dom Augustin demeura deux ans à Rome pour les affaires de sa réforme. Il eut audience de Sa Sainteté, qui lui donna diverses marques de sa bienveillance. Elle lui accorda de grandes indulgences pour tous ses établissements, et plusieurs corps de saints martyrs pour décorer leur sanctuaire ; elle lui fit assigner sur sa caisse une pension fort honorable ; enfin elle lui adressa un bref en faveur de son tiers-ordre, par lequel Sa Sainteté accorde une indulgence plénière à tous les fidèles de l'un et de l'autre sexe le jour de leur entrée dans cette congrégation.

CHAPITRE XXVI.

Il tombe malade au mont Cassin.

Durant les vacances de 1826 dom Augustin fit un voyage à Naples, où il fut très-bien accueilli du roi, dans les états duquel il s'agissait de former un établissement. En revenant il passa au mont Cassin, chef-lieu de l'ordre de S. Benoît, où il tomba dangereusement malade, et où il reçut les derniers sacrements. Ce fut de ce lieu célèbre, berceau de l'ordre monastique en Occident, qu'il adressa à ses maisons de France une circulaire touchante que ses enfants considèrent comme son testament spirituel, et qu'ils conservent dans leurs archives avec autant de soin que de respect. Nous ne pouvons nous refuser au plaisir de la mettre sous les yeux du lecteur; la voici toute entière :

« La sainte volonté de Dieu. C'est du
» mont Cassin que je vous écris, mes
» très-chers frères: vous en serez surpris;
» mais vous le serez bien davantage lorsque
» vous saurez que c'est peut-être pour la
» dernière fois de ma vie, car j'ai reçu
» mes derniers sacrements. J'ai été, par
» la grâce et le secours de Dieu, les re-
» cevoir à l'église sans y être même trans-
» porté, mais seulement soutenu par deux
» personnes. C'était une consolation pour
» moi de penser que je mourrais aux pieds
» de notre saint législateur, et que je pour-

» rais recommander à Ste Scholastique,
» dont les reliques résident auprès des sien-
» nes, nos chères religieuses, ces chères
» ames pour le soin desquelles j'ai eu et
» j'ai encore en ce moment tant de choses
» à souffrir, mais qui m'ont donné et me
» donnent même spécialement à présent
» tant de consolations par leur bonne union,
» leur conformité de sentiments dans tous
» leurs monastères, à l'exception d'un seul
» où je puis dire encore que ce n'est que
» le petit nombre qui ne marche pas dans
» la voie du Seigneur. Assurez-les bien que
» je suis pour elles dans les mêmes sen-
» timents que S. Cyprien lorsqu'il disait
» aux religieuses de son temps : (1) « Nunc

---

(1) « Maintenant nous nous adressons aux vierges dont
» le soin nous est d'autant plus précieux que leur dignité
» est plus sublime. C'est là la fleur de l'arbre mystique
» de l'Église ; en elles la grâce spirituelle brille avec plus
» d'honneur et d'éclat, la candeur naturelle est plus agréa-
» ble, les œuvres de salut et de récompense plus parfaites
» et plus incorruptibles. Elles sont cette image de Dieu
» qui réfléchit la splendeur de sa sainteté ; elles sont la
» plus illustre portion du troupeau de Jésus-christ. Dans
» sa fécondité, l'Église, notre Sainte Mère, se réjouit
» d'enfanter par elles (ceci est pour les mères prieures) et

» nobis ad virgines sermo est, quarum quo
» sublimior gloria est, major et cura est.
» Flos est ille ecclesiastici germinis, decus
» atque ornamentum gratiæ spiritualis,
» læta indoles, laudis et honoris opus in-
» tegrum atque incorruptum, Dei imago
» respondens ad sanctimoniam Domini, il-
» lustrior portio gregis Christi. Gaudet per
» illas (*ceci est pour les mères prieures*)
» atque in illis largiter floret Ecclesiæ ma-
» tris gloriosa fecunditas, quantoque plus
» copiosa virginitas numero suo addit, tanto
» plus gaudium augescit. Ad has loquimur,
» (*ici nous parlons spécialement aux novi-*
» *ces*), has adhortamur affectione potius
» quam potestate : non quod extremi, et

» de développer en elles ses rejetons florissans, et plus elle
» voit ses vierges augmenter en nombre, plus elle se livre
» aux transports de sa joie; C'est à elles que nous parlons ;
» (ici nous parlons spécialement aux novices) ce sont elles
» que nous exhortons plutôt avec tendresse qu'avec auto-
» rité : ce n'est pas qu'étant les derniers et les plus petits et
» que connaissant notre indignité nous voulons donner
» du poids à nos paroles pour les reprendre de leurs im-
» perfections, mais c'est que, plus inquiets dans notre
» *sollicitude* à leur égard, nous redoutons davantage de
» les voir harcelées par les attaques du diable.

» minimi, et humilitatis nostræ conscii ali-
» quid ad censuram licentiæ vindicemus,
» sed quod ad *sollicitudinem*, ad *sollicitudi-*
» *nem*, ad *sollicitudinem*, magis cauti, plus
» de diaboli infestinatione timeamus.....»
» Dites à mon père Jean d'en faire la tra-
» duction en français, et de l'écrire dans ce
» que je laisse de blanc ci-dessus, parce
» que je n'ai ni le temps ni la force.

» Mais faites observer à nos chères sœurs
» que les louanges qu'on donne à leur état,
» dont je leur fais l'application bien volon-
» tiers, ne seront véritablement méritées
» que par celles qui ont soin de joindre
» la pureté du cœur à la pureté du corps,
» c'est-à-dire, qui au renoncement des
» plaisirs sensuels et des pompes du monde
» auront soin d'ajouter une soumission par-
» faite pour leurs supérieurs, parce que
» le détachement de son propre jugement
» et l'abandon de sa volonté sont aussi né-
» cessaires à la pureté du cœur que la chas-
» teté à la pureté du corps.

» Quant à nos frères, je sens en ce mo-
» ment que mon affection pour eux n'est

» pas moindre que pour nos chères sœurs;
» ils sont même mes fils aînés; et non-seule-
» ment je chéris avec la plus tendre affection
» ceux qui sont restés fidèles, et c'est bien
» le plus grand nombre, mais même les
» faux frères qui se sont trouvés dans quel-
» ques-uns de nos monastères que je ne
» veux pas nommer, parce que je ne veux
» pas même m'en souvenir. Dites-leur que
» je leur pardonne de bon cœur tout le mal
» qu'ils m'ont fait. Je prie Dieu qu'il leur
» pardonne celui qu'ils ont fait à sa gloire,
» et j'engage tous nos frères à leur par-
» donner celui qu'ils ont fait à tout l'ordre;
» mais je crois devoir leur tracer ici ce qui
» est marqué dans les constitutions aux-
» quelles ils désiraient peut-être d'être
» soumis. »

LXX *Caput.* « Impetrantes litteras con-

Chapitre LXX. » Comment doivent être punis ceux qui
» sollicitent des lettres contre les statuts de la congrégation?
» Quiconque aura la témérité de solliciter sans permission....
» des priviléges, des indulgences, des mandemens ou des
» lettres quelconques contraires aux statuts de la congré-
» gation, ou qui aura la hardiesse d'en user, encourra
» la sentence d'excommunication, et la privation de son

» tra congregationis instituta, qua puni-
» endi sunt ? Quicumque eo temeritatis de-
» venerit ut sine licentia..... privilegia, in-
» dulgentias, mandata, vel litteras quas-
» cumque, contra vel præter congregatio-
» nis instituta impetrarit... vel eis uti ausus
» fuerit, excommunicationis sententiam,
» nec non abbatiæ et officii si alterutrum
» habuerit, ipso facto privationem incur-
» rat: si privatus in carcerem quandiu tru-
» datur.... quin etiam qui litteras ad quem-
» cumque in romana curia dederit quibus
» aliquod detrimentum incommodumve
» congregationis vel ejus institutis oriri
» possit, hi, si prælati fuerint, voce activa
» per triennium careant, etc., etc. »

LXXXIII *Caput.* « Impugnantes religio-

» abbaye et de son office, s'il est en charge. S'il est simple
» religieux il sera détenu tant que....; de plus, ceux qui
» enverront en cour romaine des lettres d'où il pourrait
» résulter quelque chose de nuisible à la congrégation ou
» à ses constitutions, seront privés de voix active pen-
» dant trois ans, s'ils sont en dignité. »

Chapitre LXXXIII. « Quelle peine doit-on infliger à ceux
» qui résistent à l'ordre de leurs supérieurs ? Quoiqu'il
» soit tout-à-fait contre nature que l'on prenne les armes

» nem vel superiores, qua pœna casti-
» gandi? Licet naturæ omnino adversetur
» ut quis in propriam matrem arma ferat,
» quoniam tamen nullum est tam immane
» flagitium quod non possit in hominem
» improbum cadere, eapropter præsenti
» decreto sancitum est ut quicumque tam
» exsecrandum ac abominabile facinus ad-
» miserit.. pœna quæ in conspiratores lata
» est per leges puniatur............»
» Tarduisez-les en français afin que tous
» puissent les entendre. Cette lettre est de-
» meurée un jour et une nuit sur l'autel
» du tombeau de S. Benoît, entre ses re-
» liques et celles de Ste Scholastique: ainsi
» recevez-là comme venant de leur part.

» Je dis mille choses tendres à nos chers
» frères convers et donnés que je n'ou-
» blierai jamais.

» Dites à nos chers et petits enfants,

» contre sa propre mère, cependant, comme il n'est aucune
» action si détestable dont un homme méchant ne soit ca-
» pable, on a résolu par le présent décret que quiconque
» aura commis ce crime abominable,... sera condamné à la
» peine portée par les lois contre les conspirateurs. »

» car s'ils sont sages, *talium est regnum cœ-*
» *lorum*, combien leur salut m'est à cœur
» et combien j'étais prêt à faire de choses
» pour les sauver : j'en ai vu au mont
» Cassin qui n'ont que sept ans et qui vont
» à matines tous les jours.

» Je me recommande instamment aux
» prières de tous, et suis, en leur sou-
» haitant toutes les bénédictions possibles,
» tout à eux pour le temps et pour l'é-
» ternité.

Fr. Augustin,
Abbé des Religieux et Religieuses
de Notre-Dame de la Trappe.

» *N. B.* Je vous prie tous en général
» et chacun en particulier, comme si
» cette lettre n'était que pour lui, de me
» pardonner tous mes manquements à votre
» égard, qui sont partis de mon imperfec-
» tion, mais non pas de mon indifférence
» et de mon défaut d'amour pour vous.

» Faites des copies bien en règle et bien
» écrites de cette lettre, et envoyez-les
» dans toutes nos maisons, 1° à Aiguebelle;
» 2° à Belle-Fontaine pour les frères et les

» sœurs; 3° à La Meilleraie, par Nantes,
» département de la Loire-Inférieure; 4° à
» Lyon; et chargez nos sœurs d'en faire
» des copies pour Bayeux, pour Montigny,
» pour l'Angleterre, pour Louvigné-du-
» Désert, par Fougères, (Ille-et-Vilaine.)
» N'oubliez pas Westmal, par Anvers, et
» nos frères qui sont en Alsace, non plus
» que ceux de Belleveau, par Besançon;
» mais commencez par Lyon.

» *P. S.* Rome, ce 12 novembre 1826.
» Mettez à la fin de la lettre : Le grand
» danger est passé, mais il peut revenir.
» Ainsi je me recommande encore une fois
» aux prières de tous, mais bien plus pour
» le salut de mon ame que pour la santé
» de mon corps.

» Vous devez comprendre que ce sont mes
» dernières volontés et que ce serait un
» grand crime de ne pas les remplir exac-
» tement et promptement. » La lettre est
adressée au prieur du monastère de la
Sainte-Baume.

CHAPITRE XXVII.

Il meurt à Lyon.

Le Seigneur, qui voulait lui donner la consolation de mourir au milieu de ses enfants, lui rendit la santé. Alors il retourna à Rome pour continuer son travail. Ses affaires y étant terminées et sa présence n'étant plus nécessaire, il alla recevoir la bénédiction du très-saint Père, et revint en France au mois de juin 1827.

Arrivé à Saint-Maximin, très-fatigué du voyage et des chaleurs de la saison, il se rendit, sans prendre aucun repos, en son monastère de la Sainte-Baume, où, pendant qu'il se préparait à dire la sainte messe, la fraîcheur de la chapelle et sa faiblesse déterminèrent un évanouissement et une chute qui furent ensuite la principale cause de sa mort. De là il vient deux jours après visiter la maison de Notre-Dame des Lumières, puis celle d'Aiguebelle, où il demeura dix jours assez malade. Enfin il arriva au couvent de ses religieuses de Lyon, le 11 juillet, dans le plus fâcheux état. Il célébra la sainte messe le lendemain, et déjà il se proposait d'aller faire sa visite à Mgr l'archevêque, et de se remettre immédiatement après en route, quand le père aumônier lui rappela la recommandation faite par le médecin qu'il eût à se reposer quelques jours : « Oh ! » mon ami, lui dit-il, mon ami, le grand » Maître ordonne de marcher quand le » besoin l'exige. » Peu après ses coliques le tourmentèrent si fort qu'il lui fut impossible de sortir. Le jour suivant, il témoigna à son religieux le désir de se confesser à lui; celui-ci lui ayant offert de faire venir pour la liberté de sa conscience, quelque ecclésiastique de ses anciens amis, il s'y refusa constamment. Après avoir reçu tous les derniers sacrements avec des sentiments inexprimables de foi et de piété, il eut le bonheur de passer les quatre jours suivants de sa maladie dans une paix profonde, et sans s'abandonner un seul instant à la crainte ou à l'inquiétude. Les deux derniers jours surtout on le vit prier sans cesse intérieurement. Enfin, après avoir donné sa bénédiction à tous ses enfants éplorés, après leur avoir fait baiser son anneau pastoral, et leur avoir rappelé les instructions renfermées dans la lettre du mont Cassin, le 16 juillet, fête de S. Étienne, troisieme abbé de Cîteaux, et le trente-sixième jour anniversaire de l'institution de la réforme de la Val-Sainte, il s'endormit paisiblement dans le Seigneur au moment où le chœur chantait le *Te Deum* des matines que le père aumônier avait récitées auprès de lui.

Sa fin fut si tranquille et si douce que, soit avant, soit après sa mort, les traits de son visage n'éprouvèrent aucune altération. Inconsolables d'une si grande perte, et désirant conserver au moins ses précieux restes, ses pieuses filles firent embaumer son cœur et son corps. Avant cette opération il avait la figure si agréable et un sourire si gracieux sur les lèvres, qu'on ne pouvait se lasser de le contempler. Il demeura ainsi trois jours exposé dans l'église du couvent étant revêtu de ses habits religieux. Pendant ce temps-là la foule se pressait autour de ses dépouilles mortelles, et les fidèles venaient à l'envi couper et emporter comme des reliques quelques parcelles de ses cheveux, de ses habits, du cordon de sa croix et même de ses souliers. Ce fut enfin le 19, à l'issue de la grand'messe, que son corps fut déposé dans un tombeau de pierre sous le chœur des religieuses, par le père aumônier, en présence d'un grand nombre d'ecclésiastiques et de personnes de la ville distinguées par leur rang et leur piété.

CHAPITRE XXVIII.

Idée de ses qualités.

Dom Augustin de Lestrange mourut âgé de soixante-treize ans. Il en avait passé quarante-sept à la Trappe. Il avait gouverné et maintenu sa réforme pendant trente-six ans avec des fatigues et des travaux incroyables sans jamais manquer aux devoirs de simple religieux. Souvent il passait une partie des nuits à écrire afin de partager pendant le jour avec ses frères le travail et les autres exercices réguliers. On peut dire qu'il périt victime du zèle ardent, de l'activité infatigable et du courage intrépide qui firent le fond de son caractère. Si toute sa vie fut très-agitée, ses dernières années furent sans contredit les plus orageuses. En attendant que Dieu tire la lumière des ténèbres pour l'honneur de la Religion et pour la justification de son serviteur, qu'il nous soit permis, à nous qui avons eu le bonheur de connaître et d'approcher sa personne vénérable, pour l'exemple de nos frères et pour l'édification de tous les chrétiens, de déposer ici en finissant en faveur de la pureté, et, nous osons le dire, de la sainteté de sa vie le témoignage authentique de ce que nous avons vu et entendu, et de ce que nos mains ont pour ainsi dire touché.

Dom Augustin était doué d'une droiture

et d'une franchise rares; aussi soupçonnait-il difficilement le mal dans les autres, ce qui fut cause que dans ses courses nombreuses on abusa souvent de sa trop grande crédulité pour le tromper et quelquefois même pour le voler. Il avait coutume de dire en souriant : « Sans doute la personne » qui m'a pris cet argent en avait besoin. » Il est vrai qu'il n'y était guère attaché. Compatissant envers les malheureux, on l'a vu courir pour les aider à charger leur fardeau, ou pour aller au couvent chercher de quoi leur donner à manger. Parlant peu, pensant beaucoup, prudent dans toute sa conduite, d'une circonspection extrême dans ses paroles, d'une pureté angélique dans ses mœurs et dans sa doctrine, il était d'une réserve qui allait à la froideur (*frugidus et brevis*) avec les personnes du sexe, et plus encore avec ses religieuses. Inviolablement attaché à la chaire de S. Pierre, il fut toujours l'implacable ennemi des nouveautés, qu'il appelait la source des derniers fléaux qui doivent affliger l'Église de Jésus-Christ. Assez austère dans ses règlements, personne n'était plus facile à accorder des dispenses et des soulagements dans le détail du gouvernement et quand il voyait les choses par lui-même. Il disait alors aux supérieurs subalternes qu'il valait mieux prévenir les besoins des religieux que de les exposer aux murmures. Il joignit une sage fermeté à beaucoup de douceur et d'affabilité naturelle. Toujours bon et disposé à pardonner au coupable, toujours prêt à l'excuser, il redoutait sur toutes choses de faire sentir le poids de son autorité; et quand il était réduit à reprendre, il parlait avec tant de ménagement qu'il était aisé de voir combien il lui en coûtait d'humilier. Rempli d'un entier et parfait abandon à la divine Providence, guidé par les intentions les plus pures, aucunes difficultés, intérêt particulier, peines, dangers, obstacles, rien ne pouvait l'arrêter toutes les fois qu'il s'agissait de procurer la gloire de Dieu ou le salut des ames, qui furent toujours le seul mobile de toutes ses entreprises. Si l'on avait quelque chose d'excessif à rencontrer dans une aussi belle vie on le trouverait dans les ardeurs de son zèle, heureux défaut bien rare au temps d'indifférence où nous vivons.

Un petit ouvrage resté manuscrit, qu'il intitula *Instructions du Noviciat*, prouve qu'il était maître spirituel aussi habile que supérieur zélé. Dans cet opuscule il propose aux novices de si excellentes pratiques, il leur donne de si sages conseils sur la vie intérieure, que ce livre seul bien médité suffirait pour les élever à la perfection religieuse.

Tant de services rendus à la Religion, tant d'œuvres saintes conduites si sagement ne firent qu'irriter les hommes ennemis ou du moins jaloux de tout bien. Il n'y eut sortes d'imputations que l'on ne dirigeât contre lui. On l'accusa de vendre des enfants aux Anglais; on rapporta à l'ambassadeur français en Suisse qu'il recélait des conscrits, et celui-ci ordonna des visites pour s'assurer de la vérité du fait; d'autres, l'observant jusque dans ses repas, disaient comme autrefois les Scribes et les

Pharisiens du divin Sauveur, que c'était un homme de bonne chère. D'autres blâmaient ses fréquents voyages. Eh! comment aurait-il pu autrement diriger tant d'établissements naissants? A tout cela dom Augustin ne répondait que par son silence; il souffrait tout sans jamais témoigner ni conserver le moindre ressentiment contre ses ennemis. Une seule fois il crut devoir réfuter le mémoire d'un avocat rempli d'invectives et d'impostures, et l'on pense bien qu'il le fit avec grand avantage. Un jour un de ses frères, craignant de lui faire de la peine, hésita de lui rapporter quelque chose qui avait été débité contre lui. « Dites, mon ami, lui dit-il; cela » ne me fait rien, absolument rien. »

CHAPITRE XXIX.

De sa mortification.

Aussi dur à son corps qu'il était mort à l'amour-propre, l'abbé Augustin passait souvent vingt-quatre et trente heures sans

prendre aucune nourriture. A quelque table qu'il fût, il se bornait aux mets les plus communs, après quoi il cessait de manger quoi qu'on lui offrît. De retour au monastère il mangeait au réfectoire commun la nourriture ordinaire, avec le même goût qu'à la meilleure table du monde, et il dormait sur sa planche aussi bien que dans le lit le plus mollet. On sait qu'à la Val-Sainte il mêlait de l'absynthe à sa boisson, sous prétexte de santé, mais en effet par esprit de mortification. A l'exemple du grand apôtre, il châtiait souvent son corps par la discipline. Quelquefois, pour imiter S. François d'Assise, il se la faisait donner par des frères convers, avec des circonstances dont le récit serait presque incroyable s'il n'était attesté. Huit jours avant sa mort, étant malade à Aiguebelle, il se livra encore plusieurs fois à ce genre de pénitence. « Je ne m'étonne pas, écri-
» vait un frère de cette maison, au père
» aumônier des trappistines de Lyon, que
» notre révérend père abbé soit mort tout
» en arrivant chez vous, car durant son

» court séjour ici il s'est fait éreinter de
» coups de discipline au moins six fois
» par notre frère S.... qui me dit qu'il en
» frémissait lui-même. » Voici ce qu'en écrivit au même religieux un autre frère du couvent de la Vendée. « Le révérend père
» m'avait choisi pour lui donner la disci-
» pline, ministère dont je me serais bien
» passé ; mais vous savez que quand il
» commandait il fallait obéir ; il m'ordon-
» nait de la lui donner tous les jours, et
» onze fois le vendredi, et dix fois le sa-
» medi; de la lui donner le plus fort que
» je pourrais, et aussi long-temps que je
» voudrais. Il m'envoyait souvent chercher
» des verges au jardin pour l'en frapper,
» afin de lui rappeler la cruelle flagellation
» de notre Seigneur Jésus-Christ. Je le
» priai un jour de me décharger de cet
» emploi, alors il me dit: » O mon fils,
» ayez pitié de moi ; si vous ne me re-
» preniez, personne n'aurait la charité de
» le faire ; faisant ma volonté du matin
» au soir, il faut m'humilier beaucoup et
» user de paroles dures en me corrigeant.

» Je mis un jour des ongles de fer-blanc
» au bout de la discipline, et je lui en
» donnai l'espace d'un quart d'heure ; le
» sang ruisselait à chaque coup, et j'enle-
» vais des lambeaux de chair. Comme il
» soupirait plus fort qu'à l'ordinaire je
» cessai de frapper, et alors il me dit : O
» mon fils ! ô mon ami ! comment faisaient
» donc les martyrs ? » On pourrait citer
ici bien d'autres exemples également attes-
tés par plusieurs autres frères qui ont eu
à exercer sur lui, sans pouvoir s'en dé-
fendre, le même acte de sainte cruauté.
Les fautes de ses enfants étaient souvent
le motif qui l'engageait à s'imposer cette
rude peine, imitant en cela la charité du
grand apôtre et le zèle de Moïse.

La mollesse d'un siècle ennemi de la
croix de Jésus-Christ trouvera peut-être
cette pénitence bien étrange ; elle ne doit
nullement le paraître à des disciples d'un
Dieu crucifié, obligés eux-mêmes de dompter
leur chair avec ses convoitises. Pour condamner ces pieux excès dans la personne
de dom Augustin, il faudrait condamner

tous ceux auxquels se sont livrés les anciens solitaires et tous les saints, puisqu'il est certain que tous ont châtié leur corps, sachant qu'il est écrit : *Celui qui hait son ame la sauvera, et celui qui l'aime et la caresse la perdra.*

Ce court exposé de la vie de dom Augustin de Lestrange sera fort bien terminé par le commencement du testament olographe qu'il fit pour régler les affaires temporelles de son ordre :

« Rome, ce 27 septembre 1826.

» Voulant mettre ordre à mes affaires
» tandis que je suis en pleine santé, je
» soussigné Louis-Henri de Lestrange, de-
» meurant à Rome pour mes affaires,
» déclare que mon dessein bien formel
» est de mourir dans un parfait attache-
» ment à toutes les vérités de notre sainte
» Religion ; de pardonner de grand cœur
» à tous mes ennemis ; de demander hum-
» blement pardon à tous ceux que j'ai pu
» avoir le malheur d'offenser. Quant à
» mes biens temporels, je, » etc., etc.,

Ici il institue héritiers plusieurs de ses religieux. Puissent-ils l'être tous de ses vertus ! et qu'en lisant cet écrit, **quoiqu'il soit tracé d'un style bien au-dessous du sujet par un solitaire qui, dans le silence de sa retraite, n'a plus l'occasion de pratiquer les règles du beau langage**, les fidèles puissent se sentir embrasés d'une nouvelle ardeur pour la sanctification de leurs ames ! Amen.

L. A. J. C.

LETTRE

DE DOM AUGUSTIN DE LESTRANGE,

Aux Religieux de son Ordre, écrite en 1826, 33 ans après la fondation du Monastère de la Val-Sainte.

La Sainte Volonté de Dieu.

Mes très-chers Frères,

Comme je prévois que l'esprit ennemi cherchera, pour vous perdre plus sûrement, à vous attaquer par le fondement indispensable de la vie religieuse, c'est-à-dire, du côté de l'attachement, de l'amour, de la soumission que vous devez à celui qui tient la place de Dieu, et que vous avez toujours eue pour moi jusqu'à présent, je viens vous ouvrir mon cœur, et vous prémunir contre une tentation qui vous serait si funeste, puisqu'elle vous ferait sortir du bercail de Jésus-Christ, en vous détachant de l'autorité de Saint Pierre et des Papes ses successeurs, pour vous faire entrer dans le schisme qui a toujours été le pire de tous les maux ; car, tant que le Pape n'aura pas rompu les liens qui m'attachent à vous, vous ne sauriez vous en séparer, quand même, ce qui n'est pas vraisemblable, plusieurs évêques de France voudraient vous y engager, sans vous séparer de sa Sainteté elle-même. *Charitas nunquam excidit*: la charité, quand elle est véritable, quand elle est vraiment la Charité de Dieu, ne cesse jamais, *nunquam excidit*. Il n'est pas un seul instant où elle ne soit toujours également vraie, également tendre, également désintéressée, également généreuse, *nunquam excidit*. Il n'est pas de circonstance, il n'est pas de mauvais procédé, il n'est pas de peine, de désagrément, de chagrin et d'affliction qui puisse la faire disparaître, *nunquam excidit*. Au contraire, plus on fait de mal à celui qui a le bonheur de la posséder, et qui en est sincèrement animé, plus il s'efforce de faire du bien, plus il s'attendrit sur le sort de ceux qui se blessent eux-mêmes ; et c'est la plaie de leur ame qui l'afflige, plutôt que sa propre douleur, *nunquam excidit*. Plus on lui fait de mal, plus il s'efforce de faire du bien, *nunquam excidit*. Plus on le repousse, plus il désire, plus il s'empresse, plus il trouve de satisfaction à courir après ceux qui le fuient, à estimer ceux qui le méprisent et le dédaignent, à rechercher ceux qui le blâment et le rejettent, *nunquam excidit* ; et s'il était jamais obligé d'user de quelque sévérité, c'est alors que dans le fond du cœur sa charité serait plus ardente, *nunquam excidit*.

Pressé par cette charité divine, je vous ai écrit, mes chers Frères, il y a un mois, une lettre toute d'amour, et vous en avez été touchés jusqu'aux larmes, du moins vous me l'avez écrit. Si quelques-uns d'entre vous ont changé, quant à moi je suis toujours le même pour vous; je ne dis pas assez, je me sens au contraire plus pressé de charité, à mesure que vous êtes plus pressés de périls et de tentations ; et ce sont encore ceux qui sont plus coupables, ceux dont j'aurais par conséquent plus à me plaindre, qui ont plus de part à mon affection et à ma tendresse : parce que Jésus-Christ, mon maître et mon modèle, en me chargeant du salut des ames, m'a appris que ce ne sont pas ceux qui se portent bien, mais ceux qui sont malades, qui ont besoin de médecin.

Vous n'auriez pas de peine à le croire, si vous saviez ce que c'est que l'amour paternel d'un père spirituel ; S. Augustin mon patron, dit : que son emploi n'est autre chose que l'office continuel de l'amour ; *amoris officium* ; S. Chrysostôme, que c'est le meilleur argument pour démontrer l'amour, *amoris argumentum* ; S. Grégoire, que c'est le témoignage, l'exercice continuel de l'amour, *amoris testimonium*. J'oserai dire avec S. Paul, que si vous avez plusieurs maîtres, plusieurs guides, différents supérieurs, vous n'avez qu'un seul père, *si decem millia pædagogorum habeatis in Christo ; sed non multos patres :* car, c'est moi qui vous ai enfantés en Jésus-Christ, *in Christo vos genui*; c'est moi qui comme un père tendre, vous ai arrachés à la fureur des Français révolutionnaires en vous conduisant dans l'Helvétie ; qui, comme une mère vraiment amoureuse de vous, vous ai soustraits aux glaives de ces furieux, quand ils sont entrés dans la Suisse, pour mettre tout à feu et à sang ; en vous conduisant au nombre de 244 entre mes bras jusque dans la Russie; qui, comme un pasteur fidèle et vigilant ai été vous chercher parmi les sauvages de l'Amérique, du moins eux qui ont eu le courage d'y aller, et ai pris soin de la conservation de tous les autres, quoique je fusse poursuivi moi-même à toute outrance et avec la plus grande fureur par mes ennemis, qui disaient qu'il fallait faire un exemple de moi ; tellement que n'ayant pu m'attraper, ils ont fait annoncer dans les papiers publics que j'avais été arrêté à Xembourg, déguisé en gendarme, et qu'ils m'avaient fait fusiller pour vous ôter l'espérance de me revoir ; c'est ce que je ne vous ai pas encore dit, du moins publiquement, parce que je me contentais de vous avoir retrouvés; mais puisque vous me forcez de vous parler de moi-même pour vous faire connaître dans la circonstance extraordinaire où nous sommes, tout mon dévouement pour vous, et l'attachement fidèle que vous devez avoir pour moi, je vous dirai, ce que je n'ai jamais dit à personne, au risque de passer pour peu sage, comme S. Paul, en parlant à mon avantage ; car, comme il le dit, on doit ordinairement cacher ce qui peut nous attirer quelques louanges, puisque nous ne sommes tous, et moi surtout, que misères. Je vous dirai cependant, *incipiens dico*, que pensant que peut-être on n'en voulait qu'à moi seul, et que si on me tenait une fois, on vous laisserait tranquilles, j'ai été sur le point de me livrer pour vous sauver ; peut-être, ai-je mal fait, il est vrai, de n'avoir pas suivi cette pensée, puisque j'aurais eu le bonheur de mourir pour vous et pour la charité ; mais du moins, j'ai pu depuis vous être de quelque utilité, et si vous trouvez que tout cela soit peu de chose, soyez assurés que je suis prêt à en faire pour vous beaucoup plus : *Si parva sunt ista adjiciam multò majora.* Enfin c'est moi qui tout indigne que je suis, comme un berger fidèle et un guide soigneux, vous ai reconduits dans votre patrie, en vous faisant éviter les pâturages empestés des hérésies où l'on aurait bien voulu vous entraîner, surtout en Autriche, et qui ai souffert et souffre encore à présent tant de désagréments pour vous et pour votre conservation. Mais prenez garde, il ne faut pas que ces petits reproches que mon devoir m'oblige de vous faire et que je fais même aux plus coupables, avec toute l'affection d'un père tendre, tel que je suis (j'ose le dire), troublent la charité qui doit régner parmi vous tous, en vous inspirant du mécontentement contre ceux d'entre vous qui ont manqué à ce qu'ils me devaient à tant de titres; souvenez-vous que vous êtes tous mes enfants, que nous sommes tous fragiles, que le sort de l'homme est de se tromper et de s'égarer en beaucoup de choses, que la faute où quelques-uns sont tombés, vous pouvez y tomber vous-mêmes, que ceux qui ont manqué si essentiellement à l'obéissance qu'ils avaient vouée à Dieu, vous serviront peut-être de modèles à l'avenir en fait de soumission ; enfin, qu'il n'y a que ceux qui *persévèrent* dans leur égarement jusqu'à la mort, dont on puisse dire véritablement *perseverare diabolicum*. Je finis donc, mes très-chers frères et enfants vraiment bien aimés, en faisant pour vous à Dieu la même prière que faisait notre divin Sauveur à son Père, pour ses disciples et leurs successeurs, et par conséquent aussi déjà pour vous. *Pater sancte!* Père saint! conservez dans la charité ceux que vous m'avez confiés, *serva eos quos dedisti mihi, ut unum sint*. Oui, ce que je demande en ce moment pour eux, c'est qu'ils ne soient qu'un entre eux, *ut unum sint*, et que par cette intime charité, *ut sint consummati in unum*. Et que les fidèles ne voyant parmi eux que paix, union et amour, ne puissent trouver matière à se scandaliser, mais reconnaissent au contraire, que l'esprit de Dieu est vraiment avec eux, *ut cognoscat mundus*. J'ai toujours tâché, Seigneur, de leur inspirer et de conserver dans leurs cœurs la sainte charité. Je leur ai dit souvent que vous étiez la charité même, que c'était votre attribut principal, votre nom par excellence, *Deus charitas est.* Je puis donc dire comme votre divin Fils, que je leur ai fait connaître votre nom le plus doux, *notum feci eis nomen tuum ;* et puisque cette divine charité vous plaît tant, ô mon Dieu! je prends la résolution de la leur prêcher encore davantage, de la leur prêcher toujours, de la leur prêcher jusqu'à la mort à l'exemple de votre disciple bien-aimé, et j'ose dire avec notre Sauveur: *notum feci eis nomen tuum, et notum faciam ;* je puis donc, mes très-chers frères, vous assurer, que c'est dans le sein de cette charité toute divine, que je suis cette fois plus que jamais tout à vous en son amour.

Fr. Augustin,
Abbé des religieux et religieuses
de Notre-Dame de la Trappe,

P. S. J'ai montré ma lettre à la congrégation des évêques et réguliers : on a voulu en avoir une copie, elle servira de condamnation à ceux qui méconnaîtraient leur devoir : car ce n'est pas à l'évêque du lieu que vous avez fait vœu d'obéissance, mais selon les règles de l'Église à un supérieur monastique, et c'est à lui seul que vous devez la rendre.

Rome le 1826.

MÉMOIRE

SUR LA

RÉFORME DE LA VAL-SAINTE,

ET

L'ÉTABLISSEMENT DU TIERS-ORDRE

DE NOTRE-DAME

DE LA TRAPPE.

EXTRAIT

DES RÈGLEMENTS DE LA VAL-SAINTE
DE NOTRE-DAME DE LA TRAPPE.

> Scribantur hæc in generatione alterâ, et populus, qui creabitur, laudabit Dominum. *Ps.* 101.
>
> Que ces choses passent à la postérité, et les siècles à venir en loueront le Seigneur.

Les règlements de la Maison-Dieu de Notre-Dame de la Trappe, par M. l'abbé de Rancé, son digne réformateur, furent mis en nouvel ordre et augmentés des usages particuliers de la Maison-Dieu de la Val-Sainte de Notre-Dame de la Trappe, au canton de Fribourg en Suisse, choisis et tirés par les premiers religieux de ce monastère, de tout ce qu'il y a de plus *clair* dans la règle de S. Benoît, de plus *pur* dans les us et constitutions de Cîteaux, de plus *vénérable* dans le rituel de l'ordre, et enfin de plus *réfléchi* dans leurs propres délibérations, en conséquence du dessein qu'ils formèrent de se renouveler dans l'esprit de leur état, et de suivre les traces de S. Bernard le plus près qu'ils pourraient.

Combien est mal fondée et en quelque sorte déraisonnable l'opinion où sont plusieurs dans le monde, que l'ordre de la Trappe est si austère, qu'il n'est que toléré dans l'Église et non point expressément approuvé, comme si ce genre de vie était quelque chose de nouveau, et différent de celui qui se gardait dans tous les monastères de l'ordre de Cîteaux, du temps de S. Bernard; comme si on avait besoin de renouveler dans tous les siècles les approbations que l'on donne aux différents ordres, et approuver de nouveau ce qui l'a été déjà si solennellement; comme s'il ne suffisait pas que l'Église eût parlé une seule fois, surtout quand elle l'a fait aussi clairement qu'à l'égard de l'ordre de Cîteaux; comme si enfin un ordre dont le chef est un des principaux saints docteurs de l'Église, dont un grand nombre de membres ont été reconnus pour saints, et sont honorés publiquement sur nos autels, dont Dieu a voulu lui-même rendre les pratiques et les règles recommandables par de très-grands miracles, n'était pas un ordre suffisamment approuvé par cela seul, puisqu'il possède alors l'approbation de Jésus-Christ et de son Église, et du Ciel et de la terre, et de Dieu et des hommes.

Si le saint Siège n'approuvait pas notre façon de vivre actuelle, aurait-il voulu ériger notre maison en abbaye? Aurait-il dans ce bref, appelé notre établissement de la Val-Sainte une grande entreprise, et en aurait-il désiré l'heureux succès (*)? *Quo hoc magnum incœptum prosperum futurum sit.* Aurait-il loué avec affection cette austérité qu'on regarde précisément comme trop forte, et pour laquelle les ennemis de la pénitence veulent dire que nous ne sommes que tolérés? *Nos igitur religionis*

(*) Bref de Pie VII, pour l'érection, 27 janvier 1792.

atque austeritatis studium, quo memorati exponentes flagrarunt in Domino quam maxime commendantes, ipsisque monachis gratiam specialem facere volentes. En étendant ses soins sur notre temporel, n'aurait-il demandé autre chose, sinon que nous eussions de quoi mener notre vie frugale et austère, si cette austérité lui eût paru excessive ; et l'aurait-il regardée comme un moyen d'honorer Dieu et d'édifier le prochain, et de nous sanctifier ? *Deinde vero quò enixiùs diem et noctem aut in divino cultu, aut in proximi ædificationem, aut in suorum sanctificationem sint, quatenus sui proventus necessaria ad frugi ac severam eorum vitam exhibendam suppeditent.* Parler de la sorte, n'est-ce donc que tolérer ? n'est-ce pas même faire beaucoup plus qu'approuver ? Car n'est-ce pas conseiller, n'est-ce pas exhorter, n'est-ce pas même commander, du moins à des enfants soumis et dociles qui n'ont besoin que de connaître le bon plaisir de leur père, pour s'y porter et l'accomplir ? Enfin, aurait-il dit que lorsque nous serions en état de célébrer les louanges de Dieu sans interruption, il approuverait cette nouvelle manière de vivre, s'il ne faisait que tolérer l'ancienne? Dire qu'il nous est permis de nous adresser à lui pour qu'il l'approuve dans le temps, n'est-ce pas dire qu'il approuve dès-à-présent tout le reste? *Quod si deinceps numerus monachorum adeo excreverit, ut eis facile sit per turmas atque alternatim sine ullâ interruptione sacræ psalmodiæ insistere, tunc eis fas esse novas nobis porrigere preces ad hoc systema firmandum stabiliendumque dictâ autoritate declares.*

Mais si nous n'étions que tolérés, si nos austérités étaient si grandes, qu'on ne crût pas devoir les approuver, pourquoi depuis le bref dont nous venons de rapporter plusieurs fragments, le saint Siège aurait-il encore voulu nous accorder plusieurs indulgences, et surtout aurait-il pris soin, en nous les accordant, de mettre, comme une condition nécessaire pour les gagner, que nous prierons pour la conservation de l'esprit de ferveur et de zèle de la discipline monastique, qui se pratique dans ce monastère (*) ? *Qui pias ad Deum preces effuderint pro conservatione spiritûs fervoris et zeli monasticæ disciplinæ in præfato monasterio.* Qu'on fasse bien attention à ces paroles, *pro conservatione.* Voudrait-il donc obliger à conserver ce quil n'approuverait pas ? et exhorter, promettre même des faveurs, afin d'engager à adresser à Dieu des prières, *preces*, des prières ferventes, *pias preces*, des prières abondantes, *preces effuderint*, pour la conservation d'une chose, n'est-ce donc que la tolérer ?

Tout cela est plus que suffisant sans doute pour rassurer tous ceux qui s'intéressent à notre réforme, sur les austérités qui s'y pratiquent; et les raisonnements que nous venons de faire, tout simples qu'ils sont, détruisent certainement, sans aucun lieu de réplique, tout ce qu'on pourrait dire à cet égard. Mais s'il faut quelque chose de plus, voyez les bulles, les brefs et lettres d'encouragement des souverains Pontifes, imprimés à la tête des règlements

---

(*) La Val-Sainte.

de la Val-Sainte ; or, les témoignages exprès du saint Siège sur ce sujet, rendront mieux que nous justice et hommage à la vérité ; et puisque nous ne faisons que tâcher de nous rapprocher de nos pères, et qu'en plusieurs points nous ne les égalons pas, il est clair que nos austérités ne sont pas blâmées, comme trop grandes, puisque celles de nos pères, dont les nôtres ne sont qu'une faible imitation, sont si formellement louées.

Puissions-nous seulement, après avoir si bien vengé notre Réforme des reproches qu'on lui fait d'être trop austère, ne pas la détruire et lui causer par notre lâcheté, par nos infidélités, plus de mal qu'on ne saurait lui en faire par tous les discours imaginables. (Extrait de l'avertissement, pages v et vi, et x, xi et xii des Règ.)

Des Enfants que l'on reçoit dans le monastère.

Si nous avons du zèle pour le salut des ames, nous n'en manquerons pas pour recevoir les jeunes enfants que la piété des parents engagera à offrir au Seigneur dans le monastère. Aussi S. Benoît, dont le zèle était si ardent et si étendu, n'a-t-il pas manqué d'en faire un article important de sa règle.

Je sais que bien des esprits, peut-être plus superficiels que vraiment judicieux, et certainement plus politiques que pieux, ont trouvé beaucoup à redire à cette disposition de la règle de S. Benoît. Mais comme nous ne voulons entrer en contestation avec personne, ni faire des dissertations, nous prévenons que notre intention n'est point de reprendre ce point de notre règle, de la même manière et dans la même opinion que l'a pratiqué S. Benoît, mais seulement avec les mêmes vues qu'ont tous les pères chrétiens et les mères pieuses, lorsqu'ils s'appliquent à éloigner leurs enfants de tout ce qui pourrait les porter au mal, et lorsqu'ils font tous leurs efforts pour en faire des saints dès leur plus tendre enfance. Voilà tout notre but, tout notre dessein en recevant des enfants dans notre monastère.

Si nous observons tout ce que S. Benoît observait, de les offrir à Dieu au pied de l'autel, ce n'est que comme une pure cérémonie capable d'attirer sur eux les bénédictions de Dieu, et non point comme une offrande irrévocable. (Pages 446 et 447 du tome second.

De la Charité qui doit régner dans notre réforme.

Personne ne peut bien connaître l'union et la charité dans laquelle nous avons vécu dès le commencement de cet établissement, que nous-mêmes qui avons si souvent été charmés et ravis par l'abondance des douceurs qu'elle nous a fait goûter. Mais si c'est elle qui nous a rassemblés, c'est elle aussi qui nous a séparés, puisque ce n'est que le désir ardent de contribuer au salut des ames, qui nous a fait consentir à laisser partir ceux de nos frères qui ont été former de nouveaux établissements. Les montagnes qui nous entourent (c'est sans figure que je parle), les montagnes qui nous entourent sont des témoins qui peuvent encore attester avec combien de larmes et de gémissements nous leur avons dit adieu. Mais comme cette charité, grâces à Dieu, n'est point changée, comme notre unique dessein est qu'elle ne change jamais, c'est cette même charité qui nous a fait faire les règlements présents, à l'exemple de nos pères, qui n'eurent rien de plus empressé, aussitôt qu'ils se multiplièrent, que de former la carte de charité. Leur but dans ces premières constitutions fut d'affermir entre eux une double charité, une union universelle : charité et union dans les membres ; charité et union dans les chefs ; afin que tout le corps ne fût qu'union et charité. C'est dans les mêmes vues et pour la même fin, que nous avons cru devoir terminer tous nos règlements par ce chapitre, et établir parmi nous à jamais les deux pratiques suivantes.

Le vénérable abbé de Lestrange fait ensuite consister ces deux pratiques dans la charité et l'union qui doit régner entre les membres de sa réforme, et des moyens de s'entretenir dans ces saintes dispositions. (Pag. 457 et 458 du t. 2 des règlem. de la Val-Sainte.)

PIUS, PP. VII,

Dilecto Filio Augustino, Abbati Monasterii Vallis - Sanctæ S. Mariæ de Trappâ nuncupati.

Dilecte Fili, Salutem et Apostolicam benedictionem. Insignem tu certè benevolentiam ac singulare studium in rem christianam publicam declaras, cùm tam sapiens ceperis consilium incumbendi omni cogitatione et curâ in rectam puerorum institutionem. Præter hanc enim nulla melior alia inveniri potest ratio depellendi eam pravissimarum opinionum perditorumque morum pestem, quæ tam latè dominatur. Quâ de re complura ipsi Fratres Episcopos circummisimus statim ut Pontificatum maximum sumus adepti. Quapropter non modo non sumus adspernati; sed magnâ etiam cum lætitiâ accepimus quæ tu breviter descripta detulisti nuper Nobis de Tertio, ut appellas, Ordine Monachorum, qui educandis et imbuendis christianæ vitæ præceptis, et litteris, et artibus, pueris totum se dederet. Quæ quidem cum dilecta Congregatio venerabilium Fratrum nostrorum sanctæ Romanæ Ecclesiæ Cardinalium consideranda et expendenda susceperit, cui id Nos negotii mandassemus, decrevit ea profectò laudandum te magnoperè esse ob operam, quam egregiè adhuc à te navatam Ecclesiæ Christi, venerabiles Fratres Beryti Archiepiscopus, apostolicus in Helvetiis Nuncius, ac Seduni et Lausannæ Episcopi dissertissimè testantur; teque præiereà hortandum, ut in incepto perseveres. Itaque macte animo, dilecte Fili, et confide, nunquam tibi tam præclaris itineribus eunti defuturam hujus S. Sedis Gratiam, et Auctoritatem, et Opem, cujus nunc pignus Benedictionem Apostolicam tibi amantissimè impertimur.

Datum Romæ apud Sanctam Mariam Majorem VII Id. Aprilis anno Domini 1804, Pontificatûs nostri V.

† Joachimus, Episcopus Anagninus,
à Secretis.

LETTRE

DU PAPE PIE VII.

A notre cher Fils AUGUSTIN, Abbé du Monastère de la Val-Sainte appelé de Notre-Dame de la Trappe.

Notre cher Fils, nous vous donnons le salut et la Bénédiction Apostolique.

Vous avez certainement manifesté un amour bien remarquable et un zèle bien particulier pour l'avantage de tout le Christianisme, lorsque vous avez formé le dessein si sage de vous appliquer de toutes vos forces et avec tout le soin possible à une aussi exacte éducation des enfants; car on ne peut pas trouver de meilleur moyen que celui-là, pour chasser cette peste de mauvaises opinions et de la dépravation des mœurs qui domine si fort tous les esprits de toute part. C'est ce qui nous a engagé nous-mêmes à tant insister sur ce sujet dans les lettres que nous avons envoyées de côté et d'autre à nos frères les Évêques, aussitôt que nous sommes montés au souverain Pontificat. C'est pourquoi, non-seulement nous n'avons point méprisé, mais au contraire reçu avec une grande joie tout ce que vous nous avez dernièrement communiqué par écrit relativement à votre *Tiers-Ordre* de Religieux destiné à l'éducation de la jeunesse, et où l'on s'applique entièrement à la former dans tous les devoirs de la vie chrétienne, dans les lettres et même dans les arts. Aussi la Congrégation choisie de nos vénérables frères les Cardinaux de la sainte Église romaine que nous avions chargée d'en faire l'examen, ayant considéré ces écrits, a décrété sans hésiter que l'on devait certainement vous donner de grandes louanges pour une œuvre que vous avez entreprise avec tant de soins et d'une manière si parfaite pour le bien de l'Église! comme l'attestent expressément nos vénérables frères l'Archevêque de Berythe, Nonce apostolique en Suisse, et les Évêques de Sion et de Lausanne : qu'en outre on ne peut assez vous exhorter à continuer votre entreprise. C'est pourquoi notre très-cher Fils, prenez un nouveau courage, et soyez assuré que jamais, tant que vous marcherez par de si belles voies, ni la faveur, ni l'autorité, ni le secours du Saint Siège ne vous manqueront; et pour vous en donner déjà un gage assuré, nous vous accordons très-amoureusement notre Bénédiction Apostolique.

Donné à Rome, à Sainte-Marie Majeure, le 7 des ides d'Avril, l'an du Seigneur 1804, de notre Pontificat le cinquième.

JOACHIM, Évêque d'Anagny,
Secrétaire.

DÉCLARATIONS

DE QUELQUES RELIGIEUX TRAPPISTES,

AU SUJET DE LA RÉFORME DE LA VAL-SAINTE.

Déclaration du Révérend Père Abbé Dom Augustin.

Je soussigné déclare et certifie que je ne croirais point dire assez, en disant que je préfère mon état à celui du plus puissant et du plus heureux monarque; car il me paraît que c'est dire bien davantage que d'assurer, comme je puis faire, et comme je le fais, que bien loin que les austérités de mon état me le rendent pénible, je n'ai eu de peines au contraire, depuis que j'y suis, que lorsque j'ai voulu les diminuer; et il me semble que, si je servais le Seigneur avec la fidélité que je devrais, je serais le plus heureux des mortels. Oui certainement, il ne manquerait rien à mon bonheur ; car j'ai l'avantage de vivre avec des Frères qui ont tant de charité, qui me donnent quelquefois tant de consolations, que je suis forcé de m'estimer indigne de vivre avec eux, et que je crains que ce bonheur ne soit toute ma récompense, et le Seigneur dans sa redoutable justice ne me fasse faire mon paradis ici-bas. Le moyen d'assurer mon bonheur, si l'on s'intéresse à mon sort, n'est donc pas de diminuer les devoirs de mon état, mais de m'y rendre fidèle. Puissent tous ceux qui liront cet aveu de mes misères et de ma félicité, m'obtenir cette grâce du Seigneur.

Signé F. Augustin, Supérieur très-indigne.

Déclaration de F. Stanislas.

Je soussigné déclare à qui il appartiendra, qu'après la double faveur que Dieu m'a faite et de me conserver mon état, et de pouvoir en quelque sorte contribuer à le transmettre à la postérité, dans un temps où tant d'autres l'ont perdu, je n'ai garde de me plaindre du peu de régularité qui se trouve établie dans cette Maison. Je déclare au contraire, que je crois que je dois dire anathème à celui qui voudrait introduire le relâchement en quoi que ce soit à la Val-Sainte.

Ce 27 Novembre 1794.

Signé F. STANISLAS, Cellérier.

Déclaration de F. Zenon.

HÉLAS! de la violence et de la contrainte pour reprendre les pratiques anciennes de notre saint Ordre! Dieu sait si nous en avons connu d'autres que celles de sa grâce et de son amour. Le désir de pratiquer plus parfaitement notre sainte règle, en nous rapprochant de plus près de nos saints instituteurs, la reconnaissance envers Dieu pour la conservation de notre saint état, et un peu de zèle pour sa gloire, voilà les seules contraintes, les uniques violences que nous ayons éprouvées. Avoir résisté à de si douces et de si puissantes motions, n'eût-ce pas été de notre part une infidélité impardonnable, une ingratitude monstrueuse? S. Bernard ne dit-il pas dans un cas tout semblable à celui où nous nous sommes trouvés, que quiconque s'est proposé un plus grand bien, s'est rendu illicite un moindre bien qu'il pouvait auparavant choisir licitement? Comment donc peut-il venir en pensée que nous désirions de rompre des liens que nous avons formés si librement? Nous en soupçonner, n'est-ce pas nous accuser d'être au moins par le cœur des parjures envers Dieu et des apostats de notre profession? Si on s'étonnait encore comment ce petit établissement a pu se former si aisément et se conserver toujours dans la même intégrité, en voici le dénoûment: c'est qu'on ignore que la charité y a présidé comme une reine, qu'elle le maintient avec une sainte jalousie, et sait le perfectionner avec des soins inconnus à tout autre; et on peut ajouter qu'elle seule le saura rendre inébranlable. Car, il n'en faut pas douter, c'est cette vertu toute céleste qui adoucit toutes les peines de notre état, et les fait porter avec joie et allégresse. C'est elle qui remplit les cœurs d'une paix inaltérable et fait goûter dès ici-bas la félicité des Saints, dont tout le bonheur consiste à aimer Dieu et à s'aimer étroitement les uns les autres; et je puis dire que c'est elle qui me couvre et me met à l'abri des coups de la justice divine; et quand j'aurais, comme on dit verbialement, déjà deux pieds dans l'enfer, j'espèrerais d'en sortir par la charité de mes Frères.

Signé F. ZENON, Profès à la Val-Sainte.

Déclaration de F. Colomban.

A la plus grande gloire de Dieu.

Il me serait bien difficile de pouvoir exprimer, comme je le désirerais, mes véritables dispositions touchant l'état que j'ai eu le bonheur d'embrasser. Tout ce que je puis dire, c'est que depuis que je suis religieux, je suis tout à la fois le plus content et le plus heureux des hommes, et que bien loin de désirer qu'on apportât le moindre adoucissement à notre genre de vie, je souhaiterais au contraire qu'on en augmentât les austérités et la rigueur. Si la plupart des personnes du monde ont sur notre saint état des sentiments si opposés, je n'en suis pas surpris; car il n'y a que ceux qui se chargent du fardeau et du joug de Jésus-Christ, qui puissent éprouver combien ce fardeau est léger, et combien ce joug renferme de douceurs. J'ajouterai que ce qui met le comble à ma félicité, c'est le bonheur inappréciable d'avoir, en notre digne et respectable Supérieur, le meilleur et le plus tendre de tous les pères, de trouver toujours en lui une ressource et un asile assuré, et qu'après Dieu il fait tout à la fois le bonheur de ma vie, ma joie et ma consolation. Puisse le Seigneur ne nous en donner jamais que de semblables! Voilà ce que je pense sur mon état et mon Supérieur, et cette déclaration je la fais devant Dieu dans une liberté tout entière, et sans aucune autre vue ni considération que de faire connaître la vérité et la sincérité de mes sentiments.

Signé F. Colomban, Religieux très-indigne de l'Abbaye de la Val-Sainte.

Déclaration de F. Urbain.

Jamais je n'ai davantage connu le bonheur de mon saint état, que depuis que la divine Providence a daigné me placer dans cette sainte Maison, où la sagesse et la prudence de notre Supérieur, et l'union des cœurs que la charité fait régner parmi nous, nous fait à tous passer ces jours heureux que goûtaient nos saints Pères que nous nous efforçons d'imiter, en nous approchant le plus près qu'il nous est possible de leur esprit et de l'observation exacte de la règle de notre père saint Benoît.

Signé F. Urbain, Religieux de la Maison de Dieu de N. D. de la Val-Sainte de la Trappe.

Déclaration de F. Gérasime, Supérieur de l'établissement d'Espagne.

Ayant appris qu'il y avait dans le monde des personnes plus charitables qu'éclairées, qui, touchées d'une fausse commisération, nous plaignaient, et désiraient qu'une autorité supérieure allégeât le poids de nos austérités, je me suis empressé de manifester au public et surtout aux princes de l'Église, s'ils daignent m'entendre, mes véritables sentiments sur cet objet. Et mon témoignage doit avoir d'autant plus de poids, qu'ayant passé d'un monastère doux et mitigé à celui de la Trappe, de celui de la Trappe à celui de la Val-Sainte, de la Val-Sainte à ce royaume d'Espagne, j'ai pu connaître par une longue expérience, si une vie mitigée est préférable à l'exacte observance de notre sainte règle. Et je puis assurer devant Dieu en présence de qui je suis, que la joie de mon cœur a toujours augmenté à mesure que je me suis rapproché de l'observance de notre sainte règle, et que je bénis tous les jours le Seigneur de ce qu'il nous a inspiré de reprendre à la Val-Sainte l'exacte observance de cette règle, selon l'esprit et la pratique primitive de tout l'ordre de Cîteaux, pendant ces heureux temps où il a donné tant de saints à l'Église, et qu'il a tant édifié toute la chrétienneté par sa régularité. J'atteste donc que bien loin de trouver ce genre de vie trop rude et trop pénible, et de désirer qu'on en diminue quelque chose, je serais prêt à présent, avec le secours de Dieu, à entreprendre les plus pénibles travaux, à courir les plus grands dangers, à répandre une partie de mon sang pour me le conserver dans toute son intégrité. Que dis-je? Je me croirais heureux si, signant cette vérité avec la dernière goutte de mon sang, je pouvais en assurer la conservation aux siècles futurs, persuadé que ce serait le plus grand bien que je pourrais procurer à l'Église, et le moyen le plus propre à apaiser la colère de Dieu. L'Espagne tout entière est témoin de la vérité de ces sentiments. Combien en effet n'avons-nous pas eu à combattre contre tant de personnes, qui, voyant nos austérités et ne voyant point l'onction de la grâce qui les adoucit, nous offraient mille moyens de mitiger une vie qui leur paraissait trop dure et trop pénible à la nature? Mais nous rejetâmes tous ces faux prétextes, et rien ne fut capable de nous faire oublier les consolations que nous avions éprouvées à la Val-Sainte, tandis que nous avions observé exactement notre sainte règle ; et ce sentiment fut si vif en nous, que nous n'eûmes rien de plus empressé que d'imiter ici, malgré toutes les difficultés et obstacles que nous rencontrâmes, le même genre de vie que nous avions pratiqué à la Val-Sainte; ce que nous observerons, Dieu aidant, jusqu'à la mort. En foi de quoi j'ai signé.

Du Monastère de Poplet, le 13 janvier 1795.

Signé F. Gérasime, indigne Supérieur des Religieux de la Val-Sainte, en Espagne.

Déclaration de F. Antoine.

Mon très-révérend Père,

Je rends tous les jours grâces à Dieu de m'avoir appelé à la vie religieuse, et je sens augmenter ma reconnaissance quand je pense que j'ai le bonheur de vivre dans la Maison la plus régulière, et où la charité règne plus parfaitement, j'ose l'assurer, que dans aucune autre du monde. C'est cette charité, cette union parfaite (union et charité qui parurent d'une manière si touchante au moment de notre départ pour l'Espagne), c'est principalement cette charité qui m'a fait trouver légères toutes les austérités de la Val-Sainte; tellement que, comme énivré du plaisir et de la douceur que j'y goûtais, j'ai désiré plus d'une fois la liberté de parler pour manifester au monde ma paix et mon bonheur, et attirer par-là un plus grand nombre d'ames avec qui je puisse le partager. Puisse cet écrit avoir cet effet, et qu'il rende aussi gloire à Dieu qui répand une onction dont le monde n'a pas d'idée, sur un joug qu'il regarde comme insupportable.

Poplet, en Catalogne, le 14 janvier 1795.

Signé F. Antoine, Prêtre, Profès de la Val-Sainte.

Déclaration de F. Arsène, Supérieur de l'établissement du Brabant.

Je soussigné, certifie que j'ai toujours beaucoup estimé et aimé mon état, et que par la grâce de mon Dieu je suis encore dans ces bonnes dispositions et dans la résolution d'y persévérer jusqu'à la mort. Bien loin d'y trouver trop d'austérités, je serais bien fâché qu'on en retranchât un iota. Je jouis par la grâce de mon Dieu d'une paix et d'un grand contentement, encore que je ne sois pas à beaucoup près aussi fidèle que je le devrais.

J'aime de tout mon cœur et j'aimerai toujours mon très-cher Père notre premier Abbé. Je lui promets avec toute l'ardeur et la sincérité possible l'obéissance, l'amour et le respect; et je prie Dieu de toutes mes forces qu'il lui plaise nous le conserver long-temps.

Je proteste que la Maison où j'ai le bonheur de vivre est comme une image du paradis, par la charité, la paix et l'union qui y sont établies.

De plus, je déclare que j'aime tous mes chers Frères ; que je rends tous les jours de très-humbles actions de grâces à mon Dieu de m'avoir appelé à un état si saint, si doux, si aimable, et en particulier dans une communauté et une congrégation où la charité règne et où il est si facile de monter au Ciel. Je n'ai pas passé un seul jour sans renouveler les vœux sacrés que j'ai faits à mon Dieu, le jour de ma profession. Je chéris, j'estime les liens qui m'attachent sans retour à son service, je lui demande de tout mon cœur la grâce d'y persévérer jusqu'à la mort, pour moi, pour mon très-cher Père Abbé, et pour tous mes chers Frères, afin qu'après nous être aimés ici-bas, nous puissions nous aimer d'un amour parfait et éternel dans le Ciel. Amen.

Signé F. Arsène, Profès indigne de la Val-Sainte, et chétif Supérieur de la petite colonie du Brabant.

Déclaration du F. Eugène.

Tout Religieux doit jouir d'une solide paix intérieure, et rien ne peut contribuer davantage à la lui faire acquérir, que lorsqu'il a la consolation de voir qu'il est évidemment dans l'ordre de Dieu, qu'il marche dans la véritable voie que lui ont tracée les Saints, ses pères et ses instituteurs; et la congrégation dont il est membre lui fournit tous les moyens possibles de pratiquer en esprit et en vérité la règle qu'il a juré d'observer aux pieds des autels, et sur laquelle, après le saint Évangile, il doit être examiné au jour du jugement dernier.

Pour moi qui ai professé la règle de S. Benoît, ce qui me console et me tranquillise au milieu de mes misères de toute espèce, c'est que je suis assuré que dans aucune autre congrégation que ce soit, je n'y aurai jamais l'avantage de pouvoir remplir avec plus d'exactitude mon vœu, que dans celle où j'ai le bonheur d'être, quoique je ne réponde pas comme je devrais à l'excellence de ma profession, dont je promets, avec le secours de la grâce, de travailler à me rendre plus digne à l'avenir par ma fidélité à observer jusqu'à mon dernier soupir en leur intégrité les règlements et constitutions de notre sainte réforme, qui ne contiennent rien que des pratiques instituées par nos pères ou conformes à leur esprit; et que tant qu'il me restera une goutte de sang dans les veines, je m'opposerai comme un mur d'airain à ce que personne n'y introduise le moindre relâchement, n'en déplaise à ceux qui prétendent que notre genre de vie est insupportable, et que nous gémissons sous le poids du joug. Qu'ils sachent donc les insensés qui estiment notre vie une sottise, qu'ils sachent ce que je déclare ici, et que je ferais à la face du monde entier, non pas que je me soucie de son jugement que je dois mépriser, mais pour la gloire de Dieu, l'honneur de notre saint état, et pour rendre hommage à la vérité; qu'ils sachent que je goûte tant de douceur et de consolation à porter ce joug, que le bonheur dont je jouis dès maintenant est tel, que je ne crois pas qu'il soit possible qu'il y ait eu aucune condition humaine qui, en véritable félicité, fût comparable à la mienne, si jamais Dieu me faisait la grâce d'y être aussi fidèle que je désirerais. Je répondrais hardiment à ces ennemis de la croix de Jésus-Christ, qui osent arrêter les pénitents dans leur course, et par-là priver le Ciel de la joie qu'y cause la pénitence du pécheur, celui-ci du fruit, de l'avantage et de la consolation qu'elle lui procure, et l'Église de l'édification qu'elle en peut retirer, je leur répondrais que les mouvements qu'ils se donnent pour nous faire diminuer nos austérités, toutes modérées qu'elles soient, que leur fausse compassion ne sert qu'à porter la douleur et la tristesse dans le séjour de la consolation et de la joie, et qu'en vain ils attribueraient à ces austérités, des extrémités qu'elles n'ont point; qu'au reste, quoi que nous puissions faire, nous ne faisons jamais que des images fort imparfaites de tant de pénitents et solitaires, qui sont les Saints

Pères auxquels nous avons succédé et que nous devrions imiter. *Heu ! quid est vita nostra, si sanctis fuerit comparata !*

Voilà ce qu'il a plu à Dieu de me mettre au cœur touchant mon saint état.

Signé F. Eugène, très-indigne Religieux du Sacré-Cœur de Jésus, Notre-Dame de la Trappe, au diocèse d'Anvers, en Brabant.

Déclaration de F. Étienne, premier Novice de la Maison du Sacré-Cœur, en Brabant.

Si le témoignage d'un novice âgé de cinquante ans peut influer dans le jugement qu'on doit porter sur le genre de vie qu'ont embrassé les religieux de la Trappe, je déclare devant Dieu et dans la plus grande sincérité, que depuis sept mois que j'ai le bonheur de l'observer, non-seulement je n'ai été de ma vie si content, mais encore ma santé ne fut jamais meilleure ; et je ne m'estimerai heureux, autant qu'on peut l'être ici-bas, que quand je me verrai irrévocablement attaché à cette réforme. Si les personnes qui la trouvent trop austère, voulaient se donner la peine de lire sans prévention, d'un côté la règle de S. Benoît, et de l'autre le traité des devoirs monastiques par le très-vénérable abbé de Rancé, je pense qu'il leur serait difficile de ne pas être aussi persuadées et convaincues que je le suis par la force de ces preuves, que la réforme de la Trappe, telle qu'on l'observe aujourd'hui, est praticable et n'a rien de trop austère; que même elle est nécessaire pour être vraiment disciple de S. Benoît. On ne peut juger d'une chose, mieux que ceux qui en ont l'expérience : or ceux qui sont dans ce cas nous assurent qu'ils ne trouvent rien de trop austère dans leur réforme, qu'ils ne changeraient pas leur état contre celui des monarques qu'on estimait autrefois les plus heureux. Ce qu'il y a de certain, c'est que dans le malheureux temps où nous sommes, bon nombre de ceux qui veulent plus sérieusement travailler à se sauver du nouveau déluge qui menace tout l'univers, regardent cette réforme presque comme la seule arche propre à leur procurer ce bonheur. Au moins on ne disconviendra pas que ce genre de vie ne soit un des meilleurs moyens de combattre l'impiété et peut-être de la réduire au silence. Rien n'est plus propre à faire cesser les sarcasmes qu'on a lancés contre la Religion, et surtout contre l'état monastique, depuis bien des années. Tels sont les sentiments que j'ai de la réforme que pratiquent aujourd'hui les religieux de la Trappe, tant à Fribourg, en Suisse, que dans les autres lieux où plusieurs d'entre eux ont été appelés pour y établir des Maisons de cette réforme.

Ce 14 janvier 1795.

Signé F. Étienne, novice de la maison de Notre-Dame de la Trappe du Sacré-Cœur, près d'Anvers, actuellement à l'abbaye de Marienfeld en Westphalie lieu de notre refuge, à cause des circonstances de la guerre.

Déclaration de F. Hippolyte, religieux convers.

Je déclare devant Dieu, en toute la sincérité de mon cœur, que j'aime mon état, quelque pénible, abject et méprisable qu'il paraisse aux yeux des mondains. J'en fais plus d'estime que les plus grands monarques ne font de leurs empires. Les jeûnes, à la vérité, sont pénibles à la nature, mais doux au cœur. La solitude et le silence sont pour moi un paradis, et le plus grand de tous mes délices. Je couche sur les planches, à la vérité ; mais il m'est plus aisé de me lever en plein minuit pour passer trois ou quatre heures à matines, qu'aux mondains de sortir de dessus leur duvet pour aller prendre leurs plaisirs. La pénitence, les travaux manuels et les humiliations sont très-chers à mon cœur. Nous sommes bien pauvres, à la vérité ; mais nous serons toujours assez riches tant que nous craindrons Dieu. Je suis satisfait, on ne peut pas plus, d'avoir un abbé qui est si charitable, et de voir si bien régner parmi nous cette reine des vertus, la charité. C'est ce qui fait tout mon bonheur en cette vie. Je la conserverai toujours, même aux dépens de ma vie.

Fait à l'abbaye de Marienfeld en Westphalie, lieu de notre refuge, ce 15 janvier 1795.

Signé F. Hippolyte, religieux de l'étroite observance de Cîteaux, et le plus indigne de tous les hommes.

Déclaration de F. Zozime, aussi religieux convers.

Je, frère Zozime, religieux convers, ci-devant profès du monastère de la maison de Dieu de la Val-Sainte Notre-Dame de la Trappe, en Suisse, déclare que j'ai pratiqué le genre de vie que l'on y mène, voilà trois ans, avec beaucoup de contentement et de consolation, et que je ne changerais pas mon état, si j'étais au choix, pour tous les royaumes de la terre. J'ai mille grâces à rendre à Dieu et au très-saint Supérieur qui m'y a reçu, tout indigne que j'étais d'être dans une si sainte communauté où tout porte à l'édification.

A Marienfeld, ce 14 janvier 1795.

Signé F. Zozime.

Déclaration de F. François-de-Sales, Supérieur des religieux du monastère de Notre-Dame des Miséricordes, en Piémont.

Moi, frère François-de-Sales, religieux indigne, profès de la Val-Sainte, et Supérieur plus indigne de la sainte maison de Notre-Dame des Miséricordes de la réforme de la Val-Sainte de Notre-Dame de la Trappe, déclare à tous ceux qu'il appartiendra que je n'ai jamais éprouvé de vraie consolation, de solide plaisir, que depuis que le Seigneur m'a retiré du monde pour me transplanter dans cette sainte réforme. Le bon Dieu m'est témoin, que je suis plus content et plus satisfait au milieu des pénitences qui s'y pratiquent, que je ne l'étais lorsque je jouissais à mon gré des commodités de la terre. J'y jouis d'une paix inaltérable que mon ame cherchait en vain au milieu du monde, même en y faisant son devoir. *O beata solitudo ! O sola beatitudo !* Si l'on a répandu des calomnies sur notre genre de vie, elles ne peuvent venir que de la bouche des méchants ou des ignorants. Les premiers devraient rougir de déshonorer par leur malice l'état le plus saint. Les seconds devraient se taire et attendre d'être instruits pour parler. Si l'on a encore calomnié notre Supérieur qui est à la tête de cette sainte réforme, je confesse et je déclare que la calomnie n'a d'autres sources que les deux que je viens d'indiquer. En mon particulier, je proteste que mon plus grand regret est de ne plus vivre auprès de lui, et que dans ma cruelle séparation je me rapprocherai de lui le plus que je pourrai, en me rapprochant de sa manière de gouvernement le plus qu'il me sera possible. Enfin, je proteste à la face du Ciel et de la terre, que je n'ai jamais connu de séjour où règne davantage la charité qu'à la Val-Sainte, et que cette divine vertu y rend le joug du Seigneur d'une légèreté et d'une douceur inexprimable. *Gustate et videte.*

Déclaration de F. Dorothée.

A la plus grande gloire de Dieu, de la très-sainte Vierge Marie, et du bienheureux S. Joseph.

Séparé de corps par la sainte obéissance de mes très-chers et aimables frères de l'Abbaye de la Val-Sainte, mais leur étant toujours étroitement uni d'esprit et de cœur, je croirais blesser les droits sacrés de cette précieuse et aimable union, si d'après la connaissance certaine que j'ai de leurs sentiments, j'en avais d'autres que les leurs. Je déclare donc *coram Deo et hominibus*, par cet écrit, approuver toutes les dépositions de mes chers et aimables frères de la Val-Sainte, tant en ce qui concerne la vie austère et pénitente de cette sainte

Maison, qu'à l'égard des bruits calomnieux répandus dans le monde contre celui qui la gouverne. Ce sont mes sentiments, et je croirais être criminel, si j'en avais d'autres. De plus, je puis assurer que c'est avec une sainte jalousie, que je vois mes chers et aimables frères courir à pas de géant dans la voie étroite des anciennes et saintes pratiques de notre ordre, que nous avons librement, volontairement, unanimement et à l'envi embrassées dès le commencement de la fondation de cette Maison, comme les actes de nos délibérations capitulaires en font foi.

En second lieu, je déclare et atteste que le gouvernement du très-révérend père abbé de la Val-Sainte, a été plein de douceur, de charité, d'une sage et prudente discrétion. Il n'y a que le démon, le père du mensonge et ennemi déclaré de tout bien, qui puisse avoir inspiré à ses partisans de pareilles calomnies. Je crois, pour ne rien omettre de ce qui peut justifier pleinement sa conduite, devoir rapporter un fait particulier qui prouve évidemment combien sage et modérée a été sa conduite en reprenant les anciennes austérités de notre ordre. La sainte règle veut qu'on dise l'office divin debout, *prœter lectiones et responsaria*. Nos pères, pour de bonnes raisons, ont cru devoir adoucir cette pratique et statuer qu'on chanterait un psaume debout et un autre assis. Au commencement de la fondation de la Val-Sainte, voulant pratiquer à la lettre la sainte règle, un religieux plus zélé que discret proposa de reprendre ce point. Pour ne point contrister leur cher frère, les religieux et le révérend père Abbé furent tous d'avis de reprendre cette pratique, qui fut observée pendant quelques mois. Mais le révérend père Abbé, malgré son grand amour pour l'observance exacte de la sainte règle, voyant que cette pratique était à charge à plusieurs de ses frères, ne voulut plus qu'on l'observât. Je pourrais citer encore d'autres traits de ce genre; mais je finis en attestant que le révérend père Abbé n'a introduit dans la réforme de la Val-Sainte aucune observance que d'après les sollicitations et le consentement libre et unanime de tous ses frères. En foi de quoi j'ai signé ce présent écrit au monastère de Montbrach, ce 22 janvier 1795.

Signé F. Dorothée, Prêtre, Profès de la Trappe, en France.

Déclaration de F. Dosithée.

Pour la plus grande gloire de Dieu.

Je soussigné déclare que je ne saurais trop m'étonner et remercier la divine Providence, de ce qu'étant le plus grand pécheur de l'univers et le dernier des hommes, elle ait bien voulu m'appeler à un état où je trouve tant de moyens non-seulement de pouvoir me sanctifier, en suivant les voies que nous ont tracées tant les anciens pères des déserts, que nos pères de Cîteaux; mais même où j'éprouve constamment une joie et un contentement qu'il me serait impossible d'exprimer par mes paroles. Je voudrais que tous les hommes pussent goûter comme moi, combien le joug du Seigneur est doux et son fardeau léger; qu'un jour passé dans son Tabernacle en vaut des millions passés sous la tente des pécheurs; que l'union des cœurs, la vraie charité qui règne parmi nous, peut seule faire le bonheur sur la terre, et en faire un paradis anticipé. Elle adoucit aussi merveilleusement toutes les peines de la vie, et nous fait trouver un bonheur inexprimable dans les austérités et les souffrances. Non-seulement je ne trouve pas que la réforme de la Val-Sainte puisse être blâmée, mais je me félicite tous les jours de l'avoir embrassée, et je ne voudrais pas voir un seul article retranché. C'est ce que je suis prêt à signer de mon propre sang.

Signé F. Dosithée, Prêtre, religieux de la Val-Sainte, en Angleterre.

Déclaration de F. Joseph, frère-donné.

Vive le Cœur de Jésus et de Marie.

Je ne puis témoigner la joie que je ressens,

ni assez rendre d'actions de grâces à Dieu, du bonheur qu'il m'accorde de sortir du précipice où j'étais plongé dans le monde, de m'avoir conduit à la Trappe, et de la Trappe à la Val-Sainte, sous la conduite si sainte du révérend père dom Augustin, où je promets de vivre et mourir sous une si sainte règle que j'approuve et que j'approuverai jusqu'au dernier soupir de ma vie.

Signé F. Joseph, frère-donné, actuellement à Lulworth en Angleterre.

Déclaration de F. Jacques.

Quelle doit être ma reconnaissance envers la divine bonté qui a daigné inspirer à notre vénérable Supérieur et à nos chers confrères le désir de reprendre les anciens usages de notre saint ordre! C'est ce que par sa grâce j'ai toujours souhaité depuis le moment que j'ai connu ce qu'avaient pratiqué nos saints instituteurs. Bien loin donc de désapprouver ce qui s'observe maintenant dans notre monastère, je m'estimerais le plus ingrat de tous les hommes, si je n'en rendais à Dieu des actions de grâces tous les jours de ma vie. Il est vrai que la nature y trouve des épines et des souffrances à chaque pas ; mais c'est précisément ce qui fait notre consolation, puisque la foi nous apprend qu'il n'y a que ceux qui la détruisent, en se faisant une violence continuelle, qui parviendront au royaume céleste. Mais que dis-je ! Les consolations que nous éprouvons ne sont-elles pas infiniment préférables à toutes les fausses douceurs que goûtent ceux qui vivent conformément aux maximes du siècle ? Tels sont mes sentiments présents et que je désire avoir jusqu'à la mort.

Signé F. Jacques.

Nota. Les vingt-neuf autres déclarations que nous n'avons pas insérées ici, pour ne pas trop grossir le volume, ne sont pas moins édifiantes ni d'une aussi rare précision. Elles ont été signées, la plupart, par des prêtres de l'Ordre, très-respectables.

CONFÉRENCE

ou

DIALOGUE

Entre Monsieur SAURIN, Vicaire général à Fréjus, et un Religieux, Prêtre, au monastère de la Sainte-Baume en Provence, au sujet de la nouvelle et parfaite Réforme de la Val-Sainte, établie par le vénérable abbé dom AUGUSTIN DE LESTRANGE, et par le consentement unanime des Religieux de Notre-Dame de la Trappe, en 1794, tenue en 1826.

Le pape Léon XII voulant s'assurer positivement si les déclarations que les religieux trappistes avaient faites pour le maintien et la conservation de la réforme de dom Augustin leur supérieur, qu'ils avaient solennellement embrassée au pied du Saint

Autel, étaient vraiment sincères, eut soin de mander à tous les évêques, dans les diocèses desquels se trouvaient des monastères de la Trappe, de s'informer au juste et de vive voix par des personnes prudentes et éclairées envoyées en leur nom auprès de chaque religieux, pour les questionner adroitement et secrètement sur les points les plus essentiels de leurs réglements, afin de savoir précisément si leurs déclarations n'avaient pas été extorquées dans la crainte de déplaire à leur Père immédiat. Or, M. Saurin vint exprès de Fréjus à la Sainte-Baume en qualité de légat de Monseigneur pour s'acquitter de la commission importante qui lui avait été commise, et après avoir examiné plusieurs religieux sur ce sujet, le P. J.... se présenta à son tour pour manifester ses sentiments au digne et respectable Vicaire général de Fréjus, se disant intérieurement à soi-même: « Daigne » mettre, grand Dieu, ta sagesse en ma » bouche! »

M. Saurin. Bon jour, mon ami, comment vous portez-vous?

Le Religieux se mettant aussitôt à ses genoux et voulant lui baiser respectueusement la main, lui dit avec la naïveté qui lui était naturelle : Monsieur je me porte à merveille, fasse le Ciel que l'ame soit aussi saine que le corps.

M. Saurin. Quel est votre nom de baptême et celui de famille?

Le Rel. E.... est mon nom de baptême, et M.... est celui que je tiens de mon père en ce monde.

M. Saurin Quel est votre nom de religion?

Le Rel. C'est J....

M. Saurin. Êtes-vous profès ou novice?

Le Rel. (lui montrant les manches de sa coule) : ces larges manches signifient que j'ai le bonheur ineffable d'être consacré pour toujours au service du Seigneur.

M. Saurin. Ce service ne commence-t-il pas à vous paraître un peu trop onéreux?

Le Rel. Quoi! onéreux? Notre divin Maître ne nous a-t-il pas appris et ne savons-nous pas par expérience que son fardeau est léger, que son joug est doux. *Jugum meum suave est et onus meum leve.* Qu'une croix bien portée n'est qu'une demi croix, et que le royaume des cieux ne se gagne qu'en se surmontant soi-même en toutes choses. *Regnum cœlorum vim patitur et violenti rapiunt illud.*

M. Saurin. Depuis quel temps êtes-vous entré dans l'ordre ?

Le Rel. J'y suis entré en 1822, il y aura bientôt quatre ans que j'ai le précieux avantage de vivre à la Trappe.

M. Saurin. Quel est le monastère où vous avez fait profession ?

Le Rel. C'est celui d'Aiguebelle en Dauphiné ; cette maison est infiniment chère à mon cœur, car c'est dans son enceinte que j'ai fait mon heureux noviciat sous la direction du révérend père Étienne, supérieur, vénérable par son âge et par ses qualités ; ce bon vieillard plus qu'octogénaire, voit tranquillement mourir ses fervents religieux avec la plus grande résignation, tandis qu'il marche toujours lui-même vigoureusement sur les bords du tombeau.

M. Saurin. Êtes-vous dans les ordres sacrés ?

Le Rel. Oui, Monsieur, malgré mon extrême indignité.

M. Saurin. Êtes-vous Prêtre ?

Le Rel. Oui, Monsieur, je le suis et le serai *in œternum*. Fasse le Ciel que ce ne soit pas pour mon malheur !

M. Saurin. Comment ? vous êtes Prêtre ? vous me paraissez pourtant bien jeune ? avez-vous l'âge requis ?

Le Rel. J'ai vingt-six ans. Voilà déjà deux ans écoulés dans le sacerdoce ; quel compte terrible n'aurai-je pas à rendre au juste Juge, si je ne corresponds pas mieux à cette grâce spéciale d'être du nombre de ses ministres ; vous me croyez plus jeune que je ne le suis effectivement, parce que la physionomie trompe souvent, mais je ne suis dans le fond qu'un vieux pécheur.

M. Saurin. Êtes-vous content de votre état ?

Le Rel. Je ne s'aurais l'être davantage.

M. Saurin. Êtes-vous satisfait de la conduite du révérend père Jn M.... votre Supérieur local, actuellement Prieur ?

Le Rel. Et pourquoi ne le serai-je pas? Pourrai-je oublier ces paroles que notre divin Maître adressa à ses disciples ? *Qui vos audit, me audit, et qui vos spernit me spernit.*

M. Saurin. Que pensez-vous du révérend père Augustin, votre Abbé, votre Supérieur général ?

Le Rel. Je pense et je crois qu'il est un saint Prêtre rempli de l'esprit de Dieu.

M. Saurin. On fait cependant courir le bruit qu'il vous abandonne avec tous ses voyages.

Le Rel. Ah ! que n'est-on plutôt, au contraire, persuadé qu'il se sacrifie pour notre intérêt commun et notre bonheur personnel !

M. Saurin. On ajoute même qu'il est un intrigant altier dans ses vaines résolutions, trop indulgent envers lui-même, et trop dur à l'égard de ses religieux dont il a perdu depuis long-temps l'estime qu'ils avaient eue auparavant pour lui, ainsi que l'amour de son saint état.

Le Rel. Vous connaissez trop, Monsieur, les enfants du siècle, pour ajouter foi à leurs discours calomnieux, tous leurs vains propos ne servent qu'à relever l'éclat de ses vertus ; les saints ont été calomniés et persécutés, il n'est donc pas étonnant que dom Augustin soit pareillement en butte à la contradiction des hommes. *Beati qui persecutionem patiuntur propter justitiam*, dit dit Jésus-Christ, la sagesse éternelle. C'est ainsi que le bon Dieu se plaît à éprouver les élus dans les tribulations pour les purifier ici-bas de toutes leurs taches et imperfections, de la même manière que l'or se purifie dans la fournaise.

M. Saurin. Mon cher ami, il faut avoir beaucoup de patience et de bonne volonté pour vivre en paix au milieu des méchants qui couvrent aujourd'hui la face de la terre. Vous avez, sans doute, connu votre Père immédiat, ne vous tarde-t-il pas de le revoir ? Dites-moi sérieusement si vous l'aimez du fond du cœur comme vous paraissez me le témoigner ?

Le Rel. Si je l'aime ! Eh ! ne serai-je

pas le plus ingrat des mortels si je n'avais pas tout l'amour, l'estime et le profond respect que je dois avoir pour un tel supérieur? Pour vous convaincre de ma sincérité, permettez-moi, s'il vous plaît, de vous faire une énumération de ses qualités, afin que vous puissiez vous-même, dans l'occasion, dissuader les gens vertueux qui ont eu d'ailleurs la faiblesse de se laisser malheureusement prévenir contre un homme aussi respectable que dom Augustin.

On prétend, dites-vous, qu'il est intrigant, mondain, quoi de plus faux! Son zèle, il est vrai, n'a point de borne, parce qu'il est immense, indéfinissable, universel; c'est donc en vain qu'on veut attribuer à l'intrigue, toutes les peines, les fatigues qu'il a prises depuis très-long-temps, et qu'il ne cesse encore de prendre aujourd'hui pour nous conserver notre saint état dans toute son intégrité ; toutes ses démarches ne tendent absolument qu'au bien de la Religion et au profit de ses enfants. Vous me demandez si je l'aime ; eh! peut-on avoir un cœur et ne pas chérir un tel père, un tel ami, un si vénérable vieillard le plus ferme soutien de notre ordre? Aussi, pendant mon année de noviciat que j'ai passée à Aiguebelle, je ne saurais vous exprimer les vifs sentiments que j'éprouvais lorsque j'aperçus pour la première fois la crosse de ce célèbre abbé dont j'avais déjà conçu dans mon esprit la plus haute idée sans même l'avoir jamais vu ni connu, si ce n'est par les choses admirables dont il est l'auteur. J'avais déjà lu ses règlements et ses instructions religieuses avec le plus vif intérêt et la plus grande consolation; mais quel fut mon étonnement, lorsque, ignorant même s'il vivait encore, je fus m'informer du père Prieur de ce que signifiait cette crosse qu'on avait placée devant la stalle du révérend père Étienne, premier supérieur, et qu'il m'eût répondu que c'était une marque de l'arrivée de notre Père immédiat; et quel père? lui dis-je: dom Augustin, me répondit-il; quoi! c'est ce dom Augustin notre saint réformateur, l'auteur de nos règlements, de nos instructions du noviciat, qui vient faire sa résidence ici même, dans cette maison? Non, me dit-il, il vient seulement faire sa visite, tenez-vous donc prêt à le voir quand il en sera temps. Mais quelle fut m'a surprise, lorsqu'un instant après, il entre majestueusement et avec la plus grande humilité dans l'église, pour assister à l'office divin. Sa démarche grave, la noblesse de son port, son maintien admirable, sa modestie angélique, ses cheveux blancs comme la neige, et son air vénérable, m'imposèrent d'une manière extraordinaire. L'office étant terminé, je me fis un devoir de lui rendre visite et lui demander sa bénédiction qu'il me donna aussitôt. Je croyais voir alors l'image de la Divinité, et cette image se présente sans cesse et partout devant mes yeux. Il me fit quelques questions relatives au saint état que j'ai eu le bonheur d'embrasser, après quoi m'ayant congédié avec un air de bonté et une grâce toute particulière, je le quittai à regret en lui souhaitant toutes sortes de prospérités, et vivant dans l'attente de le revoir en sa prochaine visite, formant dans mon cœur la résolution de m'entretenir désormais plus long--

temps avec un si bon père, pour lui demander tous les conseils dont je pourrais avoir besoin. Enfin, un an après, il revint à Aiguebelle et me déclara formellement qu'il avait résolu de m'emmener avec lui en Provence, pour aller établir un monastère de son ordre à la Sainte-Baume. Mes vœux furent pour lors accomplis au delà de tout ce qu'on peut imaginer; car j'eus certainement le loisir de lui ouvrir mon cœur pendant le voyage que nous fîmes en voiture, de Bollène à Marseille. Je remarquai dans ces circonstances les plus propres à porter à la dissipation, qu'il marchait toujours d'un pas égal dans la bonne voie. Son profond recueillement, ses prières continuelles, sa prudence consommée, sa douceur charmante et ses manières aisées lui acquirent en peu de temps l'estime et la vénération de tous ceux qui voyageaint avec nous; cette onction avec laquelle il récitait son bréviaire, et la ferveur dont il brûlait en s'acquittant de cette sublime fonction, me firent une impression qui ne s'effacera jamais de mon esprit.

Il me reste encore à vous prouver, Monsieur, que le révérend père abbé dom Augustin n'a jamais été, comme on le prétend, trop indulgent pour lui-même, et trop dur envers les autres. Bien loin d'être tel, il m'a toujours donné au contraire des preuves certaines du mépris qu'il avait de lui-même, de sa mortification continuelle et de son ardente charité pour le prochain. Je vous citerai, seulement, ce qu'il fit à mon égard pendant notre voyage : après être resté ensemble trois ou quatre jours à Marseille où ses affaires l'avaient retenu, nous partîmes de cette ville vers les quatre heures du soir pour nous rendre à Gémenos où nous arrivâmes à l'entrée de la nuitt. Nous fûmes directement au château de M. le marquis d'Albertas, notre bienfaiteur, qui nous donna très-volontiers l'hospitalité. M'étant trouvé légèrement indisposé pendant la nuit, je me levai doucement et fus ouvrir la croisée pour prendre l'air un instant à la fenêtre. Dom Augustin toujours attentif à tout ce qui m'intéressait, ayant entendu les mouvements que je me donnais, se leve promptement de son lit, vient à ma chambre et me prodigue avec empressement tous les soins imaginables qu'on peut attendre de la tendresse paternelle. Telle fut, Monsieur, la charité de dom Augustin envers ses religieux. Rencontrait-il sur son passage un enfant égaré, un pauvre homme abandonné, un vieillard infirme et délaissé! le cœur ému de la plus tendre compassion, il s'empressait alors de leur prodiguer tous les secours nécessaires, après les avoir consolés et fortifiés dans la foi et le total abandon aux ordres de la divine Providence. Combien de fois ne l'ai-je pas vu moi-même s'entretenir familièrement avec le premier pauvre petit enfant qu'il trouvait sur ses pas!

Qu'on ne dise point, non plus, que cet inestimable Abbé est trop altier dans ses résolutions, trop indulgent envers lui-même, et trop rigoriste à l'égard des autres, leur faisant porter, dit-on, de lourds fardeaux qu'il n'oserait pas remuer lui-même du bout des doigts. Pour répondre à ces trois chefs d'accusation, et confondre la noire calomnie jusque dans ses derniers retranchements, je puis vous certifier, 1° que bien loin d'avoir de la fierté, d'être altier dans ses bonnes résolutions, il a au contraire l'humilité en partage, ne se proposant en tout et partout que la sainte volonté de Dieu, et ne cherchant uniquement qu'à l'accomplir en toutes choses.

Il est à croire, 2° qu'un homme continuellement mortifié dans ses regards, menant une vie très-austère, très-frugale, prenant souvent la discipline jusqu'au sang, n'est pas, comme on ose le dire, un homme trop indulgent envers lui-même. J'ai vu de mes propres yeux son instrument de discipline ensanglanté, aussi rouge que l'écarlate, et j'en ai été épouvanté. Combien de fois ne nous a-t-il pas prêché la nécessité de faire pénitence, encore plus par ses actions que par sa divine éloquence.

Lorsque nous n'étions primitivement que nous deux ici en qualité de fondateurs, je m'étais imaginé que ne pouvant pas par conséquent célébrer l'office divin, je pouvais employer ce temps que nous

avions de plus à l'étude de la Théologie, sans nullement préjudicier à celui du travail ; mais il savait bien me faire prendre promptement un outil en me disant avec sa bonté ordinaire: « Souvenez-vous, mon
» fils, que S. Benoît nous dit dans sa règle.
» *Tunc vere Monachi sunt si opere manuum*
» *suarum vivunt.* Nous ne serons vraiment
» religieux, que lorsque nous vivrons du
» travail de nos mains. » Me donnant lui-même l'exemple, quoiqu'il fût alors dans la soixante et onzième année de son âge:
« Si le soldat, ajoutait-il, se fait un hon-
» neur de sacrifier sa vie pour son prince
» et pour sa patrie, pourquoi donc, nous
» qui avons le bonheur d'être les soldats
» de Jésus-Christ, le Roi des rois, n'aurons-
» nous pas autant de courage pour lui
» plaire et acquérir en même temps un poids
» immense de gloire infiniment préférable
» à toutes les récompenses passagères de
» ce monde ? N'oublions pas, mon ami,
» qu'on ne peut pénétrer dans le céleste
» séjour, que par la destruction totale de
» l'homme animal. »

Faudrait-il conclure de là qu'il était trop sévère et importun? Ce serait, sans doute, une grande erreur, car il savait bien distinguer les temps, les lieux et les circonstances. Je me rappelle que nous couchions à cette époque dans la bergerie exposée de toutes parts au vent et à la pluie, faute de dortoir. Une fois entre autres ne pouvant dormir à cause d'un froid vif et rigoureux, je fis connaître le lendemain au révérend père Abbé que je m'estimais heureux d'avoir un peu souffert pendant la nuit dans notre étable de Bethléem, malgré la différence extrême qui se trouvait entre la ressemblance de notre demeure et la réalité de celle du S. Enfant Jésus; il me répondit aussitôt avec la plus grande tendresse: « O » mon fils! que ne fussiez-vous venu me » trouver, et je vous aurais cédé non-seu- » lement notre couverture, mais encore » notre coule, pour vous préserver d'un » froid si cuisant! » Il est donc vrai que l'assiduité au travail n'est pas incompatible avec les œuvres de charité.

M. Saurin. Ciel! quelle ardente charité

pour ses semblables ! Il n'est guère possible de porter plus loin l'amour du prochain. Son zèle aussi ne le cède en rien à la reine des vertus dont il est le plus parfait modèle : veuillez bien m'en retracer les effets. Je vous écouterai avec un nouveau plaisir.

Le Rel. C'est lui particulièrement à qui ces paroles de l'Esprit-Saint conviennent d'une manière parfaite. *Zelus domus tuæ, Domine, comedit me.* Le zèle que j'ai pour votre maison, Seigneur, me dévore.

La conservation de notre Ordre, son admirable Réforme ; la multiplication des monastères de Notre-Dame de la Trappe ; l'utile établissement du Tiers-Ordre ; les ouvrages ascétiques du pieux Abbé ; ses périlleux voyages avec ses religieux et religieuses dans les pays étrangers et barbares pendant l'époque de la révolution ; l'érection de trois calvaires en France, savoir : un à Paris, un autre au monastère de Belle-Fontaine, et un autre à la montagne de la Sainte-Baume ; les diverses plantations de croix, l'asile de la Trappe ouvert gratuitement en plusieurs endroits du monde, et surtout en France; la sanctification des religieux soumis à sa conduite, et la sienne, sont sans contredit les précieux effets de son zèle infatigable.

M. Saurin. Je ne puis m'empêcher de m'unir à vous pour bénir, de concert, la divine Providence d'avoir suscité un tel homme dans son Église. Je loue son attachement pour les travaux manuels; il me semble aussi, d'un autre côté, que votre saint Abbé aurait dû vous permettre de prendre un peu de temps sur le travail pour l'employer à l'étude de la théologie absolument nécessaire à tout Prêtre qui exerce et qui peut exercer dans la suite toutes les fonctions du ministère sacerdotal.

Le Rel. Je suis fort de votre avis sur cet article, car depuis que j'ai eu le bonheur d'entrer dans les Ordres sacrés par obéissance, je me sens un attrait tout particulier à m'acquitter de ce devoir essentiel.

M. Saurin. Je vois bien, mon fils, que vous ne connaissez pas la duplicité, et que vous me parlez de toute l'abondance du cœur. Vous êtes donc très-content de votre état?

Le Rel. Je rends grâce chaque jour au Seigneur de m'y avoir appelé par un pur effet de sa bonté et de son infinie miséricorde; plaise à Dieu que je ne m'en rende jamais indigne en ne correspondant pas autant que je le devrais à cette faveur spéciale d'être pour toujours consacré au service d'un si bon Maître. Aussi, je vous avoue que je ne changerais pas ma profession de vie pour toutes les couronnes de la terre.

M. Saurin. Il faut néanmoins convenir que tant de veilles, de jeûnes, de macérations, toutes vos longues prières, vos offices sans fin, en un mot, que toutes vos excessives austérités ne sont propres qu'à faire succomber la nature humaine. Dieu veut-il qu'on se rende homicide de soi-même?

Le Rel. Quoique très-éloigné de suivre la vie pénitente et laborieuse de nos Pères, pour moi je vous assure que jamais je n'avais eu une aussi parfaite santé que celle dont je jouis depuis que j'ai le bonheur de couler paisiblement mes jours à la

Trappe, et je ne suis pas le seul qui puisse rendre un tel témoignage. Quand même nos prétendues austérités contribueraient à l'abréviation de nos jours, nous ne serions pas pour cela homicides de nous-même et nuisibles ou inutiles à la société, comme les mondains osent le prétendre. Il faut pourtant remarquer que ceux qui blâment sans aucun fondement notre genre de vie, sont les premiers à soutenir, contre la divine Providence, que les hommes se multipliant de jour en jour, il est absolument nécessaire qu'ils se fassent la guerre pour se détruire, sous peine de mourir de faim, parce qu'ils supposent irraisonnablement que la terre n'est pas suffisante pour produire la nourriture essentielle à ses habitants; non-seulement on pourrait leur répondre et leur prouver que si la terre était mieux cultivée et le luxe moins éclatant, elle produirait trois fois plus en faveur de ceux qui abandonnant le faste et l'opulence, s'appliqueraient par leurs soins et leurs travaux à la rendre plus fertile et plus abondante, en employant pour la cultiver ce même temps que jadis ils avaient consacré à la vanité des objets brillants et inutiles ; mais encore que bien loin d'être nous-mêmes inutiles à la société, nous lui serions au contraire avantageux, selon leur propre système, par notre mort prématurée, qui leur donnerait les moyens de vivre plus à leur aise sans être obligés de s'entregorger réciproquement, dans le cas, toutefois, que nous fussions plus nombreux ; car les religieux d'aujourd'hui comparés à la masse des hommes, ne sont pas plus capables d'opérer un changement quelconque dans la société, qu'une goutte d'eau serait propre, à proportion, à altérer la quantité d'un tonneau de vin dans lequel elle aurait été mêlée.

M. Saurin. Quoique vous raisonniez juste, il me semble cependant, que vous devriez au moins convenir que vos règlements sont trop austères pour ceux d'entre vous qui sont faiblement constitués.

Le Rel. On a le temps, Monsieur, de faire de sérieuses réflexions pendant une année d'épreuve destinée au noviciat de ceux qui veulent partager notre sort. Il existe, d'ailleurs, une infirmerie pour les infirmes et un établissement du Tiers-Ordre de dom Augustin, en faveur de ceux qui, quoique vraiment appelés de Dieu à suivre la règle de S. Benoît, ne sont pas néanmoins doués des forces corporelles, ou n'ont peut-être pas assez de courage et de bonne volonté pour en supporter la rigueur.

M. Saurin. Autre chose est le Tiers-Ordre, et le Grand-Ordre mitigé.

Le Rel. Ah! Monsieur, ne me parlez pas, je vous en supplie, de mitigation, car, la nature étant insatiable, on ne sait que trop par une funeste expérience, qu'une mitigation est bientôt suivie d'une autre, ensuite d'une autre au bout de quelque temps, après quoi l'on finit par tomber insensiblement dans un relâchement déplorable. Lisez, lisez les annales de l'Église, et vous apprendrez que tous les moines relâchés ne sont tombés dans un tel désordre, que pour avoir manqué de fidélité à leur règle, en introduisant dans le principe des adoucissements amers à l'ame chrétienne.

M. Saurin. Nos ancêtres étant mieux constitués que nous, pouvaient embrasser des austérités impraticables à leurs descendants dont les tempéraments doivent avoir dégénéré, à cause des révolutions qui ont eu lieu depuis lors.

Le Rel. Oui, mais nos devanciers menaient une vie incomparablement plus austère que la nôtre, laquelle n'a rien qui surpasse les forces naturelles de l'homme. On pourrait subsister avec une moindre quantité de nourriture et un travail plus prolongé, à l'exemple de plusieurs de nos frères que j'ai connus, auxquels les Supérieurs ont ordonné de se contenter de suivre simplement la règle telle qu'elle est. D'ailleurs pour vous prouver qu'on peut vivre long-temps avec sobriété, je vous dirai avec notre vénérable Abbé, qu'il semble que de toutes nos pratiques, le jeûne et l'abstinence soient celles qui frappent le plus les gens du monde, et contre lesquelles on se révolte davantage, quoique nous les gardions d'une manière si modérée. Ce n'est qu'avec une espèce d'horreur que l'on prononce en général ces mots: *Vivre en Trappiste; ne manger ni viande, ni poisson, ni œufs, ni beurre... ne manger qu'une fois le jour pendant plus de la moitié de l'année...* Si à cette réflexion vient se joindre l'idée de notre silence, il n'en faut pas davantage à la plupart pour se croire dispensés d'examiner si Dieu les appelle à vivre parmi nous. Une pareille vie est aussitôt jugée surpasser les forces de la nature, et *ce serait tenter Dieu*, dirait-on presque, *que de l'entreprendre.* Tel est le prétexte que l'ennemi de notre salut met le plus souvent en usage et avec le plus de succès, pour empêcher les ames de suivre les mouvements intérieurs qui les pressent de se consacrer à la pénitence, ou pour les porter à retourner en arrière après avoir fait quelques pas dans une carrière à laquelle on eût à peine daigné autrefois donner le nom d'étroite. C'est ce qui me détermine à dire un mot sur cet objet; car quelqu'assuré que je sois qu'il ne se trouve ici personne qui partage ces sentiments, il pourrait cependant arriver par la suite, qu'entendant par hasard parler ainsi les gens du monde, quelqu'un fût tenté de croire que la vie qu'il mène ici a réellement quelque chose de grand, qu'il fait beaucoup pour Dieu et presqu'autant qu'il est possible. Or, je trouverai chez les sages du monde, et même chez les Payens, plus qu'il n'en faut pour détruire ce préjugé : les maximes et les exemples des Saints viendront à l'appui.

Ce principe, que nous devons à Dieu l'hommage de notre corps et de notre ame, et que c'est par la pureté de l'un et de l'autre que nous devons l'honorer, a suffi autrefois chez les Payens pour éloigner de tout excès dans l'usage des aliments ceux qui faisaient profession de piété; et les histoires représentent la plupart de leurs Prêtres, comme pratiquant l'abstinence la plus sévère, par le seul motif de conserver leurs corps dans une pureté qui les rendît agréables à leur Dieu. L'usage du vin, de la viande, du poisson et de toutes les nourritures fortes et succulentes leur était interdit. Ils ne prenaient même les autres que rarement et en petite quantité, tant ils étaient persuadés qu'un corps chargé de nourriture ne saurait se conserver pur. Telle est encore la pratique de certains peuples idolâtres que Dieu semble n'avoir laissés subsister, que pour couvrir de confusion les Chrétiens qui sont si éloignés de faire pour lui plaire, ce que font ces pauvres insensés pour plaire à leurs idoles.

La liaison qui se trouve entre l'ame et le corps, et la grande influence de l'un sur l'autre a porté les sages parmi les Payens à garder dans le aliments le régime le plus sévère. Si quelques-uns de leurs philosophes ont soutenu que l'usage de la viande était permis, tandis que les autres soutenaient le contraire, tous ont pensé que ceux qui faisaient profession de s'appliquer à l'étude de la sagesse, devaient se l'interdire, et que les nourritures les plus légères et les moins succulentes étaient les seules qui leur convinssent. La pratique de tous les philosophes qui ont eu de la célébrité, était sur ce point conforme à leur doctrine. Pythagore, Platon, Socrate, Zénon, Sénèque s'interdisaient en général l'usage du vin et de la viande : eux et leurs principaux disciples n'ont vécu pour la plupart que de légumes, de pain et d'eau, et ne prenaient même ces nourritures qu'en très-petite quantité. On en a vu user d'artifice et de certaines compositions pour s'ôter l'appétit et n'être pas forcés de manger. Nous lisons d'un grand peintre que pendant tout le temps qu'il travailla à la composition d'un tableau, il vécut dans l'abstinence la plus sévère, par le seul motif de conserver son esprit plus libre, et d'avoir des idées plus saines.

Devons-nous après cela nous étonner de voir les premiers Solitaires pousser si loin le jeûne et l'abstinence ! L'usage le plus modéré parmi eux était de manger un peu de pain et quelques fruits ou herbes crues, une fois le jour après le coucher du soleil. C'était le régime commun pour les hommes et pour les femmes. Dans le temps Pascal et les Dimanches, à cause de la solennité de ces jours, ils avançaient l'heure du repas et le prenaient vers midi, mais ordinairement sans rien changer à la qualité ni à la quantité de la nourriture. Quant aux Monastères où l'on faisait usage de quelques herbes cuites, on voit assez combien l'assaisonnement devait en être simple et peu capable de flatter le goût, puisque tous les Religieux faisaient la cuisine chacun sa semaine, comme notre sainte Règle même le prescrit; de sorte que tout l'apprêt devait ordinairement se réduire à jeter dans une chaudière un paquet d'herbes ou de légumes et à les y faire bouillir, y ajoutant seulement un peu de sel : de cette manière tout homme était facilement cuisinier. Telle était la vie commune des personnes consacrées à Dieu. Quant à celles qui tendaient à une plus haute perfection, qui voulaient acquérir une plus grande pureté de corps et d'esprit, pour se rendre capables d'une contemplation plus sublime, elles ne prenaient pour toute nourriture que quelques fruits ou herbes crues tous les deux ou trois jours et quelquefois plus rarement. On en a vu un grand nombre ne rien prendre habituellement qu'une fois la semaine ; et c'était en vivant de la sorte qu'elles arrivaient communément sans infirmité à l'âge le plus avancé.

Voilà, Monsieur, ce qui doit confondre notre lâcheté, notre intempérance, notre immortification. Que ces exemples au moins servent à nous humilier, à nous préserver de tout retour d'une secrète complaisance, dans la pensée que nous vivons d'une manière qui passe pour austère, puisque c'est à la seule lâcheté de nos jours qu'elle doit cette réputation, et qu'elle aurait autrefois paru peut-être bien relâchée; qu'ils servent de réponse à toutes les suggestions de l'esprit de mensonge, qui ne manque pas de faire usage de ce préjugé commun pour effrayer les commençants, en leur persuadant que cette vie est au-dessus des forces de la nature ; qu'ils répondent hardiment que nous menons une vie moins austère que n'ont fait ceux qui nous ont précédés, quoique nos corps ne soient pas différents des leurs; que nous en faisons moins pour conserver la pureté de nos corps qui sont les temples du S. Esprit, que n'en faisaient et que n'en font encore certains prêtres des idoles, pour pouvoir se glorifier d'une certaine pureté seulement extérieure; que nous ne faisons pas encore, pour acquérir la pureté de l'ame qui nous unit à Dieu si efficacement, si intimément, et par les claires lumières de l'esprit, et par les vives affections du cœur, ce qu'ont fait les sages et les philosophes pour acquérir seulement une certaine pureté d'esprit qui ne pouvait leur servir qu'à s'appliquer un peu plus librement aux vérités abstraites; qu'ils répendent enfin que, quoiqu'ils ne soient pas venus se consacrer à la pénitence pour se procurer une vie plus longue et exempte d'infirmités, l'expérience a cependant appris qu'en usant modérément d'une nourriture telle que la nôtre, on peut arriver à un âge aussi avancé que ceux qui mènent la vie commune du monde, et qu'on est même exempt d'un grand nombre de maladies qui pour la plupart viennent des excès que l'on fait, tant dans la nourriture que dans l'usage des autres plaisirs.

M. Saurin. Il est à présumer que vous

auriez beaucoup plus de sujets dans l'Ordre, si l'on adoucissait la règle.

Le Rel. Au contraire, notre bienheureux Abbé, doué de l'esprit de Dieu, a prédit dans sa sagesse et son intelligence surnaturelle, que si l'on introduisait la mitigation dans l'Ordre, les monastères finiraient par tomber les uns après les autres (*).

M. Saurin. Veuillez bien me dire la raison pourquoi.

Le Rel. Parce que les religieux vivant du travail de leurs mains, sont à même d'élever de jeunes orphelins du fruit de leurs économies, de donner l'hospitalité aux étrangers, et d'ouvrir leurs portes aux personnes pauvres appelées à partager leur sort ; tandis qu'autrement ils seraient obligés de s'approprier le pain des enfants, d'exi-

---

(*) Les événements arrivés depuis la mort de l'homme de Dieu ont vérifié ses prédictions ; quatre maisons de l'Ordre sont déjà déchues, savoir : Notre-Dame de Lumière, La Meilleraie, Notre-Dame de Rochefort, et la Sainte-Baume.

ger une rétribution pécuniaire des passants et un patrimoine des novices.

M. Saurin. Si le souverain Pontife proposait et exigeait une mitigation, il serait indispensable de se soumettre à son autorité et aux décisions de l'Église.

Le Rel. Oui, il serait absolument nécessaire d'obéir à la voix du premier Pasteur, car il est certain que l'on peut se sauver dans un ordre relâché, en y pratiquant la sainte vertu d'obéissance ainsi que d'humilité et de charité ; tandis qu'on ferait un crime de se soustraire à l'autorité du Pape sous prétexte de vouloir demeurer fidèle à une règle qu'il ne voudrait plus reconnaître, quoiqu'elle eût été approuvée et sanctionnée par ses prédécesseurs ; mais on est obligé en conscience de s'opposer aux démarches téméraires que les faux frères peuvent faire en Cour romaine, et cela sans mission, sans révélation spéciale, se hasardant à détruire un édifice élevé par la charité et le consentement unanime d'un Supérieur général éclairé, et d'une pieuse, fervente et nombreuse communauté, composée, en partie, d'un très-grand nombre de Prêtres aussi respectables par leur science, qu'édifiants par leur piété exemplaire (*).

M. Saurin. Vous avez parfaitement raison, mon cher ami, soyez donc toujours ferme et inébranlable dans vos sentiments. C'est ainsi que les Chartreux se sont comportés, et s'ils n'ont jamais eu besoin d'être réformés, c'est qu'ils n'ont jamais voulu introduire la moindre mitigation dans leur Ordre.

Le Rel. Jai recours à vos charitables prières, afin que le Dieu d'amour et de toute sainteté veuille bien m'accorder cette grâce ; or, mon intention sera toujours néanmoins de me soumettre aux décisions de l'Église en cette matière, après avoir fait mes observations au souverain Pontife.

M. Saurin. Vous êtes donc du nombre de ceux qui désirent que votre vénérable Abbé fasse tous ses efforts pour maintenir votre sainte réforme, vous ne seriez pas sans doute bien aise d'avoir un autre Su-

---

(*) Voyez ci-dessus pages 119 et 120.

périeur qui eût des sentiments opposés à ceux de dom Augustin.

Le Rel. Ah! Dieu nous préserve de cet épouvantable malheur!

M. Saurin. Il faut espérer, mon fils, que le bon Dieu ne permettra pas qu'un Ordre si florissant vienne à décheoir, et que votre saint Réformateur laissera après sa mort un successeur digne de lui, qui conservera les admirables pratiques ou constitutions de dom Augustin.

Le Rel. C'est avec raison que ces pratiques dignes de la plus grande admiration, que nos usages choisis et tirés par les premiers Religieux de la Val-Sainte, de tout ce qu'il y a de plus clair dans la Règle de S. Benoît, de plus pur dans les Us et Constitutions de Cîteaux, de plus vénérable dans le Rituel de l'Ordre, et enfin, de plus réfléchi dans leurs propres délibérations, en conséquence du dessein qu'ils formèrent de se renouveler dans l'esprit de leur état, et de suivre les traces de S. Bernard de plus près qu'ils pourraient; que tous ces usages, dis-je, sont effectivement très-dignes d'être à jamais conservés. Je prévois cependant, d'après mes faibles lumières, que le bon Dieu permettra tout le contraire en punition de nos péchés, que la mitigation sera tôt ou tard établie dans l'Ordre, et le Tiers-Ordre supprimé ; c'est ainsi que le relâchement détruit la charité et l'union qui doivent régner dans les monastères, pour engendrer l'égoïsme.

M. Saurin. Eh! que feriez-vous alors dans un cas si embarrassant?

Le Rel. Je prierai du fond de mon cœur pour la conversion de ceux qui les premiers, soit ecclésiastiques, séculiers ou réguliers, ou plutôt irréguliers, auraient fait des démarches téméraires auprès du Saint-Siège, pour attirer le plus terrible châtiment sur un Ordre actuellement si célèbre, en sollicitant en même temps par mes prières la divine bonté de susciter un second Augustin, pour le rétablissement d'une si sainte Réforme.

Monsieur le Vicaire général ayant mis en note en abrégé, la déclaration du Père J., ils se saluèrent mutuellement dans la paix du

Seigneur; et le religieux, en se retirant, se rappela ces consolantes paroles de l'Écriture : *O altitudo divitiarum sapientiæ et scientiæ Dei ! quàm incomprehensibilia sunt judicia ejus et investigabiles viæ ejus!* O profondeur immense des trésors de la sagesse et de la science infinie de Dieu ! Que ses jugements sont incompréhensibles et ses secrets impénétrables !

Que la très-juste, très-élevée et très-aimable volonté de Dieu soit accomplie en toutes choses, qu'elle soit toujours louée et à jamais glorifiée !....

Nota. Les déclarations des Religieux et Religieuses de la seconde époque orageuse de l'Ordre en 1826, n'ont pu trouver une place ici ; car ayant été égarées à Rome, nous n'avons pu nous les procurer. Celles de nos Sœurs à Lyon, seraient bien propres certainement à confondre la fausse compassion de ceux qui oseraient introduire le moindre relâchement parmi nous.

ODE,

PAR UNE RELIGIEUSE DU TIERS-ORDRE

DE NOTRE-DAME DE LA TRAPPE.

Départ de Dom Augustin pour Rome.

Il est parti notre ange tutélaire,
Le défenseur et l'appui de la foi;
De tes enfants s'éclipse la lumière,
Ils ne pourront vivre éloignés de toi!

Fuis loin d'ici, même au delà du Gange,
O Lucifer, ennemi d'Augustin!
Ah! sur sa route, ô grand Dieu! que son Ange
Guide sa marche en conducteur divin.

Dieu protecteur, soutiens sa confiance,
Fais-lui cueillir des lauriers abondants,
Couronne un jour sa plus douce espérance,
Dans un bercail réunis ses enfants.

Ah! rends-le nous éternisant ta gloire,
Rends au troupeau le désiré Pasteur;
Que Rome en paix nous cède la victoire,
Et de notre ame apaise la douleur.

Vous qui toujours, en bonne et douce Mère,
Fûtes sensible à nos tendres accents,
Ah! rendez-nous, rendez-nous notre Père;
Qu'il vienne enfin consoler ses enfants.

AUTRE,

PAR UN

RELIGIEUX DE CHŒUR PROFÈS DE BELLE-FONTAINE,

Sur son retour de Rome en France, et sa mort.

Quels cris plaintifs, hélas! dans ce lieu solitaire !
Au séjour de la mort des enfants douloureux,
Sur un saule pleureur ayant fixé les yeux,
Sans doute, vont pleurer au tombeau de leur père !

Gémissez, gémissez, ô vierges pénitentes !
Tous ses enfants chéris éclatez en soupirs ;
Mais, regrets superflus ! mais, larmes impuissantes !
Le Ciel, dans sa rigueur, est sourd à vos désirs.

Ho ! sous la faulx du temps si Lestrange succombe,
L'heure de son trépas commence son bonheur ;
Par ses rares vertus il survit à sa tombe,
L'impitoyable mort voit en lui son vainqueur.

Bien différent toujours des idoles du monde,
Il emporte au tombeau des regrets éternels ;
Des pauvres ses enfants l'affliction profonde,
Pénètre jusqu'au sein des parvis immortels.

O timides enfants, ses délices suprêmes,
Qui perdez à la fois un Père, un protecteur,
Pleurez sur Augustin, ou plutôt sur vous-mêmes;
Votre bonheur s'enfuit ainsi qu'une vapeur.

O divins pénitents, dans vos sombres enceintes,
En vain vous le cherchez d'un pas silencieux ;
Vous ne le verrez plus, ses cendres sont éteintes,
Mais il vous voit encor du sein des Bienheureux.

Le martyre, il est vrai, manquait à sa belle ame.
Mais que dis-je ? où m'emporte un doute séducteur?
Il ne lui manquait point : dans la céleste flamme
Ne consuma-t-il pas sans cesse son grand cœur ?

Guidé par l'Esprit Saint, sur les monts Helvétiques
Il se réfugia pour conserver sa foi.
Digne restaurateur des usages antiques.
Il crée un nouveau peuple et lui donne sa loi.

Suscité par l'enfer, hé quoi ! tyran farouche (1),
Tu pensas de son sang arroser les sillons!
Tu pensas immoler en détruisant la souche,
Détruire de Benoît les nouveaux rejetons !

O Rome! tu le vis conjurer la tempête,
Ses touchantes vertus brillèrent à tes yeux!...
Il revient.... mais hélas! sa récompense est prête ;
La mort en nous l'ôtant lui donne place aux cieux.

Vénérable Augustin, permets que de leurs larmes,
Tes enfants éplorés arrosent ton cercueil ;
De si justes regrets leur présentent des charmes,
Quand leurs jours ne sont plus que tristesse et que deuil!

―――――

(1) *Bonaparte*, Voyez ses persécutions, page 90.

TABLE.

Avant-propos. v
Chapitres.
I. Naissance de l'abbé de Lestrange . . 9
II. Sa première éducation 11
III. Il entre dans l'état ecclésiastique 13
IV. Il est nommé coadjuteur de Vienne . . 15
V. Il va à la Trappe 17
VI. Il sollicite l'établissement de la Val-Sainte 19
VII. Il l'obtient 23
VIII. Il en prend possession 28
IX. Il en règle la réforme 33
X. Il en est institué Abbé 37
XI. Il établit les trappistines et le tiers-ordre. 43
XII. Il émigre en Allemagne. 47
XIII. En Autriche et en Russie 51
XIV. Ses religieux sont bannis d'Autriche . 56
XV. Il les fait venir en Russie 62
XVI. Il les y établit 68
XVII. Il en est aussi banni avec eux 72
XVIII. Il passe en Danemarck 76
XIX. Il entre à la Val-Sainte 81
XX. Il introduit ses religieux en France . . 86
XXI. Il est persécuté par Bonaparte 90
XXII. Il se sauve en Angleterre 95
XXIII. Il passe en Amérique 98
XXIV. Il rétablit ses trappistes en France . . . 102

TABLE.

XXV. Il est mandé à Rome	105
XXVI. Il tombe malade au mont Cassin	114
XXVII. Il meurt à Lyon	124
XXVIII. Idée de ses qualités	127
XXIX. De sa mortification	132
Lettre de D. Augustin de Lestrange	138
Mémoire sur la réforme de la Trappe	149
Lettre de Pie VII, à D. Augustin	161
Déclarations de quelques religieux Trappistes	164
Conférence sur la réforme de la Trappe	195
Ode sur le départ de D. Augustin pour Rome	231
Ode sur son retour de Rome, et sa mort	232
Table des matières	234

ERRATA.

Page 17, ligne 20, la Perche, *lisez* le Perche.

Page 33, ligne 15, de Val-Sainte, *lisez* de la Val-Sainte.

Page 40, ligne 3, pecularia, *lisez* peculiaria.

Page 44, ligne 16, leur étendue, *lisez* son étendue.

Page 46, ligne 6, d'Église, *lisez* de l'Église.

Page 72, ligne 8, culbuta, *lisez* renversa.

Page 98, ligne 16, les voix *lisez* les voies.

Page 124, ligne 19, il vient, *lisez* il vint.

Page 129, ligne 19, frugidus, *lisez* frigidus.